Wolf Wagner

W0075199

Uni-Angst und Uni-Bluff heute

Wie studieren und sich nicht verlieren

Aktualisierte und
vollständig überarbeitete
Neuausgabe

Rotbuch Verlag

Danksagung und Widmung
Für kritische Lektüre und wichtige Hinweise und Anregungen
danke ich Dagmar Dörger, Andrea Frank, Tobias Frank,
Hannes Jähnert, Renate Müller, Alexander Roentgen, Anke Stark
und Kai Vehling. Das Ergebnis habe ich selbstverständlich allein
zu verantworten.

Ich widme diese Neufassung meiner Frau, Renate Müller.

Dieses Werk wurde vermittelt durch
Aenne Glienke | Agentur für Autoren und Verlage
www.AenneGlienkeAgentur.de

ISBN 978-3-86789-019-9

3. Auflage der Neuausgabe
© 2012 (2007) by Rotbuch Verlag, Berlin
© 1992 der Neuauflage by Rotbuch Verlag, Hamburg
© 1977 by Rotbuch Verlag, Berlin
Umschlaggestaltung: Martina Kloke, Die Deichgraphen, Hamburg,
unter Verwendung eines Fotos von Mark Weiss / Getty Images
Layout: atelier eilenberger, Leipzig
Druck und Bindung: CPI Moravia Books GmbH

Ein Verlagsverzeichnis schicken wir Ihnen gern:
Rotbuch Verlag GmbH
Alexanderstraße 1, 10178 Berlin
Tel. 0 18 05 / 30 99 99 (0,14 Euro/Min., Mobil max. 0,42 Euro/Min.)

www.rotbuch.de

Inhalt

Das Buch *Uni-Angst und Uni-Bluff – Wie studieren und sich nicht ver-lieren* gibt es seit 30 Jahren. 1977 ist es erstmals beim linksalter-nativen Rotbuch Verlag erschienen. Ich hatte es damals im Jargon der Studentenrevolte geschrieben, die Leserinnen und Leser ge-duzt. Ich fühlte mich mit ihnen verschworen in der Auflehnung ge-gen das »Establishment«. Das Buch wurde zu einem Dauerbestsel-ler mit einer Gesamtauflage von über 150 000 Exemplaren und erschien als Übersetzung in Dänemark, den Niederlanden und in Japan, nicht jedoch in England oder Amerika.

1992, 15 Jahre nach der ersten Auflage, habe ich den Text zum ersten Mal völlig überarbeitet. Die Sprache der 70er Jahre war nicht mehr angemessen. Zudem hatte sich mit der allgegenwärtigen Durchsetzung des Computers die Arbeitsweise an Hochschulen grundlegend geändert. Meine Tipps zu Karteikarten und Fotoko-pien aus den 70er Jahren waren nicht mehr praktikabel. Auch wollte ich die Studentinnen und Studenten nicht mehr duzen. Ich war inzwischen selbst Professor und konnte nicht mehr so tun, als ob ich auf gleicher Ebene mit ihnen gegen das »Establishment« stünde. Ich gehörte selbst zum Establishment.

2007, weitere 15 Jahre später, ist die hier vorliegende aktuali-sierte, vollständig überarbeitete Neuausgabe notwendig gewor-den. Wieder hat sich das deutsche Hochschulsystem verändert, diesmal mit den gestuften Abschlüssen Bachelor und Master und den neuen Leitungsstrukturen so grundlegend wie wohl seit den Humboldt'schen Reformen des frühen 19. Jahrhunderts nicht mehr. Diese veränderte Hochschule bedarf einer neuen Analyse und Dar-stellung. Auch habe ich persönlich durch meine Erfahrungen als Rektor und Prorektor einer Fachhochschule wesentliche neue Ein-blicke in die Funktionsweise von Hochschulen im In- und Ausland gewonnen. Gleichzeitig hat die universelle Verbreitung des Inter-nets die Studier- und Lernmethoden revolutioniert. Wissen ist so zugänglich geworden wie nie zuvor. Die Tipps zum wissenschaftlichen Arbeiten mussten dementsprechend völlig neu gefasst werden. Darüber hinaus hatten die ersten beiden Fassungen die Existenz von Fachhochschulen, Kunst- und Musikhochschulen kaum zur Kenntnis genommen.

Dennoch blieb der Titel *Uni-Angst und Uni-Bluff*. Der Bluff, d. h. die großspurige, bewusst oder unbewusst auf Einschüchterung statt Verständlichkeit zielende Argumentation und Selbstdarstellung, ist weiterhin ein Phänomen vor allem der Universitäten. An Fach-, Musik- und Kunsthochschulen ist der Kontakt zwischen den Studierenden und zu den Lehrenden so eng, dass alle ziemlich genau voneinander wissen, wer was »drauf« hat. Das gilt auch für die meisten mathematisch-naturwissenschaftlichen und technischen Fächer der Universitäten. In diesen Hochschulen und Fächern findet Bluff nach außen statt, in der Konkurrenz zu anderen Institutionen und zwischen den Professorinnen und Professoren. Diese wissen überraschenderweise in der Regel sehr wenig voneinander, vor allem fachlich, sodass der Bluff dort tatsächlich funktionieren kann.

In den anonymen Massenfächern der Universitäten kann sich dagegen der Bluff auch zwischen Studierenden gut ausbreiten, weil man in beinahe jeder Veranstaltung auf neue Leute trifft und erneut um Anerkennung und seinen Platz in einer wirklichen und vermuteten Rangordnung kämpfen muss. Auch der geringere Praxisbezug der Lehrenden an Universitäten und ihre stärkere Orientierung an den abstraktesten Standards der Forschung erzeugen eine Tendenz zu einer eher lern- und lebensfernen Lehre, der Humus auf dem der Bluff blüht und gedeiht – allerdings mit großen Unterschieden zwischen den Fächern. Dafür gibt es wunderbare wissenschaftliche Belege. Seit 1983 führt die Arbeitsgruppe Hochschulforschung an der Universität Konstanz um Tino Bargel, gefördert durch das Bundeswissenschaftsministerium, alle zwei Jahre repräsentative Befragungen an deutschen Universitäten und Fachhochschulen mit einem immer gleichen Grundstamm von Fragen durch (seit der Vereinigung auch für Gesamtdeutschland), sodass sich die Entwicklung über all die Jahre verfolgen lässt. Erfreulicherweise hat sich die Situation in der Lehre insgesamt wesentlich verbessert. In vielen Bereichen geben die Studierenden ein deutlich günstigeres Urteil ab als noch vor 20 Jahren.[1] Durch all die Jahre schneiden die Fachhochschulen, besonders die in den neuen Bundesländern, bei der Beurteilung der Beratung, des Kontakts zu Lehrenden, des Praxis- und Anwendungsbezugs, der Teamfähigkeit und der gesamten Kommunikationssituation jedoch unverändert deutlich besser ab als die Universitäten.

Vieles spricht dafür, dass sich die Universitäten in Zukunft so krampfhaft von den ihnen nun in den Abschlüssen gleichgestellten Fachhochschulen absetzen wollen (»Verfachhochschulung« gilt als die schlimmste Drohung), dass sie deren Vorzüge kaum übernehmen werden. Es scheint daher durchaus angemessen, weiterhin von »Uni-Angst und Uni-Bluff« und nicht von »Hochschul-Angst und Hochschul-Bluff« zu schreiben.

Dennoch ist dieses Buch auch für Studierende an Fachhochschulen interessant, um für sich die Wahl ihres Faches und der Hochschulart zu überprüfen. Darüber hinaus enthält dieses Buch nützliche Tipps zum Einstieg ins Studium und zum wissenschaftlichen Arbeiten.

. . . .

1   Vgl. Hans Simeaner, Tilmann Röhl, Tino Bargel: Datenalmanach zum Studierendensurvey 1983 bis 2004. Studiensituation und Studierende an Universitäten und Fachhochschulen (Heft 43). Konstanz, Arbeitsgruppe Hochschulforschung, Universität Konstanz, Oktober 2004. In dieser Arbeitsgruppe um Tino Bargel werden alle zwei Jahre in repräsentativen Untersuchungen Studierenden aus Fachhochschulen und Universitäten Fragen zur Studiensituation gestellt. Die Zeitreihen samt der neuesten Ergebnisse sind zu finden unter: http://www.uni-konstanz.de/FuF/SozWiss/fg-soz/ag-hoc/Studierendensurvey/

Der Blick von außen

Von außen betrachtet, sieht die Hochschule eigentlich ganz idyllisch aus. Wenn man sich typische Bilder vorstellt, fallen einem immer die gleichen ein: ein grüner Rasen mit jungen Leuten, die herumliegen und sich unterhalten oder lesen. Dazwischen, auf den Wegen, gehen andere zielstrebig, aber ohne besondere Eile zu den verschiedenen Gebäuden, wahrscheinlich zu irgendwelchen Hörsälen oder Bibliotheken. Oder aber: In einem etwas kahlen Raum sitzen ebenso selbstbewusst wie überlegen aussehende junge Leute entspannt an Tischen und hören zu, einige diskutieren, andere notieren sich gelegentlich etwas, und je nach Lust und Laune stehen sie auf und gehen. Dann das andere Bild: der eng gezogene Lichtkreis einer Schreibtischlampe irgendwann lange nach Mitternacht, der Computer, die Kaffeetasse mit den eingetrockneten Kaffeeresten auf der Untertasse und daneben ein Chaos von aufgeschlagenen Büchern, Notizzetteln und Computerausdrucken. Und dazu das Bild vom Aufstehen am nächsten Tag nach zwölf. Selbst das immer wieder gezeigte Schreckensbild vom völlig überfüllten Riesenhörsaal, wo die Zuhörer und Zuhörerinnen sogar auf Treppen und auf dem Boden dicht gedrängt sitzen, sieht von außen gar nicht so schrecklich aus: Eigentlich machen die Leute einen ganz lockeren und sicheren Eindruck, schauen interessiert oder skeptisch drein, und schließlich weiß man ja, dass sie da freiwillig sitzen in der Erwartung, etwas Interessantes zu lernen. Bei diesen Bildern stellt sich die Frage: Weshalb das Gerede von »Uni-Angst« im Titel dieses Buches?

Erst recht idyllisch sieht die Hochschule aus, wenn sie aus der Perspektive Gleichaltriger gesehen wird, die nicht studieren, sondern ein »normales« Leben führen. Ob sie ihren Lebensunterhalt am Fließband, in einer Werkstatt, im Laden oder am Schreibtisch verdienen – sie müssen morgens raus und ihre acht oder mehr

Stunden arbeiten, meist nach fremden Anweisungen und unter ständiger Kontrolle. Sie können sich glücklich schätzen, wenn wenigstens Teile ihrer Arbeit interessant sind und sie selbst entscheiden können, wann und wie sie ihre Aufgaben erledigen. Da gibt es kein Morgens-liegen-bleiben-bis-zwölf und kein:»Ich hab heut keinen Bock«. Und wenn einem die Arbeit, die Kollegen und der Chef noch so stinken oder die ganze Situation angstbefrachtet ist, man muss doch jeden Morgen ran und den ganzen Tag durchstehen – oder man muss sich einen anderen Job suchen, der dann vielleicht noch schlimmer ist.

Sicher, die, die arbeiten gehen, haben mehr Geld und eine berechenbarere Zukunft als die meisten Studierenden. Aber selbst wenn die Studierenden nach dem Examen einige Zeit arbeitslos sind und möglicherweise nicht ihrer Ausbildung entsprechend beschäftigt werden, ist zu erwarten, dass sie in der Jobpyramide wegen ihrer höheren Allgemeinqualifikation die obere Hälfte besetzen werden. In diesen Jobs haben sie dann eine ganz andere Lebensperspektive als Gleichaltrige ohne Hochschulabschluss mit industrienahen Arbeitsplätzen. Die können ab dem 40. Lebensjahr nur noch einem Abstieg entgegensehen, und zwar einem Abstieg in jeder Hinsicht: gesundheitlich, finanziell und auch in Bezug auf Inhalt und Prestige der Arbeit. Da ist es bei Akademikerinnen und Akademikern eher umgekehrt: Je älter sie werden, desto mehr steigen sie in der Regel auf und desto gesicherter wird meist ihre Position. Sie leben denn auch im Durchschnitt viele Jahre länger als Gleichaltrige, die mit geringerer Qualifikation schon früh in den Arbeitsprozess gewechselt sind. Studierende sind eindeutig privilegiert.

Die Innensicht

Diese Außensicht der Hochschule ist der Grund für die vielen spöttischen Kommentare derjenigen, die sich gegen ein Studium entschieden haben.

Schaut man näher hin, dann zeigt sich die andere, die innere Seite der Studiensituation: Alle Untersuchungen über die subjektive Wirkung des Studiums dokumentieren, dass Studieren bei den meisten Studierenden zu einer tief greifenden Verunsicherung führt. Bei der Mehrheit geht diese Verunsicherung tiefer und führt zu massiven persönlichen Problemen.

In den repräsentativen Befragungen durch die Arbeitsgruppe Hochschulforschung um Tino Bargel – die umfangreichsten Daten, die es über die subjektive Situation an deutschen Hochschulen gibt – gaben schon bei der ersten Befragung 1983 58 % der Studierenden an Universitäten und 55 % derjenigen an Fachhochschulen an, durch »persönliche Probleme (wie z. B. Ängste, Depressionen)« teilweise oder stark belastet zu sein. Über die Jahre sank dieser Prozentsatz manchmal leicht unter 50 %. Allerdings stieg er bis 2004 wieder, auf 56 % an Universitäten und 55 % an Fachhochschulen.[2]

Viele Studierende leiden nach wenigen Semestern unter Depressionen, Minderwertigkeitsgefühlen, sehen keinen Sinn mehr und sind schwer arbeitsgestört. Geklagt wird z. B. über Verstimmungen und Erschöpfungszustände bei Konzentrationsaufgaben; über Kopfschmerzen, Schwindel und Schweißausbruch bei der Lektüre von Lehrbüchern, über Unrast, Merkfähigkeitseinbuße, Lustlosigkeit, allgemeine Mattigkeit und Schlafstörungen. Andere spüren keinen Antrieb mehr, erwachen morgens bleischwer, bleiben lange liegen und ziehen sich am Abend bald wieder mit schlechtem Gewissen ins Bett zurück, weil sie den Tag hindurch nichts geschafft haben. Die Zukunft bedrückt sie wie ein Berg. Häufig ist das Gefühl der Sinnlosigkeit, der allgemeinen tiefen Skepsis über den Zweck und die Anwendungsmöglichkeiten des gespeicherten Wissensstoffes und dessen gesellschaftlichen Nutzen.

Ein Viertel aller Studienanfänger scheitert am Studium und gibt vorzeitig auf. In den Geistes- und Sozialwissenschaften sind es weit über die Hälfte der Studienanfänger, in manchen Fächern über 80 %.[3]

· ·

2 Vgl. Gesamtalmanach 1983 – 2004. Tabelle 122a.
3 Vgl. die Berichte des Deutschen Studentenwerks und der Kultusministerkonferenz (KMK) im Internet.

Für die meisten Studierenden sehen denn auch die oben beschriebenen Szenen ganz anders aus: Viele derjenigen, die da geschäftig auf den Wegen herumwuseln, wissen nicht, was sie in der Veranstaltung oder in der Bibliothek eigentlich sollen, was ihnen das bringt, und fühlen sich so isoliert, dass sie neidisch sind auf die Kommilitonen, die sich auf dem Rasen so locker zu unterhalten scheinen, trauen sich aber nicht, sich dazuzusetzen. Die auf dem Rasen sind häufig gar nicht so locker, wie sie scheinen. In Wirklichkeit spielt sich hinter der souveränen Fassade eine gnadenlos isolierende Konkurrenz ab, wer denn nun besonders geistreich und »auf hohem Niveau« zu diskutieren versteht. Die Frage einer Studentin im ersten Semester bringt das auf den Punkt: »Warum können sich die Studenten eigentlich nie wie normale Menschen unterhalten? Warum müssen sie immer so groß tun?« Ihr Fazit nach dem ersten Semester war: »Die Uni macht mich ganz anders, als ich auf der Schule war. Sie macht mich traurig und verkrampft. Ich war mir noch nie so fremd!« Kurz danach hat sie ihr Studium abgebrochen.

Dann das Bild der Leute, die scheinbar locker an den Tischen sitzen und zuhören, wie andere diskutieren: Oft genug geht es gar nicht um eine spannende Frage, sondern darum, sich gegenseitig mit Wissen und Zitaten und noch exotischeren Buchtiteln auszustechen. Die Studenten, die scheinbar so interessiert zuhören und mitschreiben, sind in Wirklichkeit meist angespannt und voller Angst und überlegen sich, was sie selbst sagen könnten, ohne sich völlig zu blamieren. Vor lauter Anstrengung, etwas wirklich Bedeutendes sagen zu wollen, bekommen sie überhaupt kein Wort mehr heraus, werden immer stiller und depressiver. Dabei geben sie nach außen den Anschein, als stünden sie über der Situation, als mache ihnen das alles gar nichts aus, als hätten sie aus reiner Überlegenheit nichts zu sagen.

Auch das Bild vom nächtlichen Arbeiten, auf den ersten Blick beinahe symbolhaft für völliges Versunkensein in einen Gegenstand, sieht von innen oft ganz anders aus. Da wird so spät nachts noch gearbeitet, weil man sich den ganzen Tag über davor gedrückt hat, weil die Arbeit wie ein unerklimmbarer Steilhang vor einem lag. Und erst wenn es wirklich nicht mehr anders geht und es eigentlich schon viel zu spät ist, kriegt man – oft genug erst mit Bier oder Wein – die Kurve, jetzt aber schon mit schlechtem Gewissen und kompensatorischen Vorsätzen, die die Last noch schlimmer machen und natürlich nicht eingehalten werden. Der nächste Tag fängt dann an mit Kater, Depression und neuen guten Vorsätzen. Dieser Teufelskreis aus schlechtem Gewissen und scheinbar entlastenden, guten Vorsätzen macht für viele den Berg immer bedrückender und größer, die Ausweichstrategien werden immer raffinierter, bis sie zu behandlungsbedürftigen Depressionen anwachsen oder die Betroffenen das Studium abbrechen.

Typische Symptome sind Angstzustände und Arbeitsstörungen gleich einer Verkrampfung, gegen die man sich intellektuell nicht wehren kann. Wenn im Seminar allgemeine Fragen gestellt werden, verspürt man den Drang, wegzulaufen, immer getrieben von dem Gefühl, dass das eigene Wissen auf keinem Gebiet ausreiche, dass man das Einfachste nicht mehr leisten könne, dass man beim Lernen zwanghaft jedem Nebengedanken nachgehen müsse. Dabei steigern sich die inneren Ansprüche ständig. Alles bisher Geleistete scheint wertlos.

Und dann das Bild der überfüllten Vorlesungen mit all den aufmerksamen Studierenden. Häufig stellt sich dieses Bild nur in den ersten Sitzungen ein, wenn sich die Studierenden noch Antworten auf spannende Fragen erhoffen. Doch meist bemerken sie bald, dass selten über die Wirklichkeit, stattdessen viel öfter darüber gesprochen wird, wie die Texte anderer Wissenschaftler von wieder anderen Wissenschaftlern ausgelegt werden. Die Präsentationen sind meist so trocken und häufig so unverständlich, dass nur diejenigen Wenigen bleiben, die es geschafft haben, die Texte selbst zu lesen und den Streit über deren Auslegung spannend finden.

Viele, wenn nicht gar die meisten Studenten, sind also gar nicht fähig, die von außen scheinbar so privilegierten Arbeitsbedingungen zu nutzen, d. h. aus ihrem Studium etwas gesellschaftlich Sinnvolles und persönlich Befriedigendes zu machen. Manchmal, in Sternstunden, leistet die Hochschule das, was sie soll und verspricht. Da gibt es Erfahrungen gelungenen Lernens voller Neugier, Spannung und Freude am Stoff; Situationen, in denen das Gespräch zur gemeinsamen Arbeit an einem Problem wird, und jeder Einwand, jeder neue Gedanke, jede Ergänzung als ein Schritt zur Lösung freudig und mit spielerischem Vergnügen begrüßt wird. Aber immer wieder – und mit fortschreitendem Studium immer häufiger und dominierender – legt sich eine seltsam mehlige, verstaubte Fremdheit über den Stoff. Freude, Neugier und das spielerische Vergnügen versickern in erstickender Angestrengtheit, Depressivität und anderen Formen der Angstabwehr. Statt sich mit spannenden Fragen der Wirklichkeit zu beschäftigen, beschäftigt sich Wissenschaft überwiegend mit sich selbst und produziert Langeweile auf höchstem Niveau.

Dieses Auseinanderklaffen von dem, was eigentlich an der Hochschule möglich sein könnte, und dem, was häufig wirklich während des Studiums geschieht, ist das Problem, von dem dieses Buch handelt. Die folgenden Empfehlungen sollen Ihnen dabei helfen, dieses Problem schon am Anfang des Studiums so gut wie irgend möglich in den Griff zu bekommen.

Der folgende Text ist gegliedert nach den beiden Funktionen der Hochschulen: der Inhaltsfunktion, bei der es um das Lösen inhaltlicher Probleme geht, und der Aufstiegsfunktion, bei der es um Prestige, Geld und soziale Stellung geht.

Der Einstieg in das Inhaltsstudium

Das Wichtigste ist, sich mit anderen zusammenzutun, mit denen Sie nicht nur zusammen arbeiten, sondern auch entspannen können. Das Studium wird rasch zu einer objektiv chronischen Überforderung, weil sich die wenigsten Lehrenden noch in die Lernenden hineinversetzen können und sich erinnern, was machbar und was eine Überforderung ist. Darum hat das Studium die Tendenz, Sie aufzufressen, Sie total in Beschlag zu nehmen. Dagegen brauchen Sie die Unterstützung von Gleichaltrigen, denen Sie trauen können. Das Studium ist wichtig, aber nicht alles. Wissenschaft ist zentral, aber das Leben ist viel mehr als Wissenschaft. Wissenschaft und Studium sind nicht das Ziel, sie sind Mittel, um ein gutes, gelungenes Leben zu führen, als Einzelner, als Gesellschaft und als Menschheit. Das ist für den Einstieg ins Studium eine wichtige Grundhaltung, die Ihnen manche Überforderung und Depression ersparen kann.

Ein erster Schritt dazu ist es, möglichst alle Studienberatungen und Einführungsveranstaltungen zu besuchen und dabei mit den anderen Erstsemestlern zu reden und zu schauen, wer Ihnen zusagt. Zudem können Sie sich gleichzeitig ein gutes Bild von der Organisiertheit oder dem Chaos Ihres Fachbereichs und Ihres Faches machen. Vermeiden Sie es jedoch, die Prüfungs- und Studienordnung zu lesen, da diese nur selten mit der dann für Sie gültigen Studienwirklichkeit übereinstimmt. Dafür haben Sie später immer noch genügend Zeit.

Weiter ist wichtig, dass Sie sich für das erste Semester nur das absolut vorgeschriebene Minimum vornehmen – nicht mehr! In vielen Fächern ist das schon mehr, als Sie bewältigen können. Denn es ist entscheidend, dass Sie in den Veranstaltungen von der ersten Sitzung an intensiv mitarbeiten und die Sitzungen gründlich vorbereiten sowie alles nachbereiten, was Sie brauchen, um den Stoff zu verstehen. Schon dabei werden Sie so viele Niederlagen und Frustrationen erleben, dass Sie dringend Leidensgenossen brauchen, die Sie trösten und Ihnen den Rücken stärken.

Für die meisten ist es sehr schwierig, in den Veranstaltungen etwas zu sagen vor all den Leuten, die man nicht kennt und die alle so klug dreinschauen. Auch in diesem Fall hilft die Rückendeckung durch Freunde und Freundinnen, mit denen Sie den Stoff im Vorfeld durchsprechen und offene Fragen zur Probe formulieren können. Wenn es Ihnen schwerfällt, vor vielen Leuten zu reden, sollten Sie sich nicht unter Druck setzen. Es ist keine Katastrophe, wenn Sie im ersten Semester kaum jemals etwas im Plenum sagen. Üben Sie es zuerst in Ihrer Gruppe, dann in Arbeitsgruppen, dann mit einfachen Verständnisfragen im Plenum, und nach und nach wird es für Sie leichter und selbstverständlicher werden, etwas beizutragen.

Wenn Sie sich über Ihr Studienfach oder die Wahl Ihrer Hochschule noch nicht sicher sind, können die folgenden Überlegungen hilfreich sein. Wenn Sie sich schon ziemlich sicher fühlen, können Sie Ihre Entscheidung anhand des folgenden Textes überprüfen.

Der Unterschied zur Schule – Freiheit der Wissenschaft   Schulen vermitteln Ergebnisse der Wissenschaft. Hochschulen erarbeiten sie. Das inhaltliche Ziel eines Studiums unterscheidet sich daher von der Schule durch seine höhere Komplexität. Es geht um die selbständige Anwendung wissenschaftlicher Methoden und wissenschaftlichen Denkens (in künstlerischen Fächern um künstlerische Methoden und Vorgehensweisen). Es geht also um mehr als um Standardaufgaben. Die zu lösen lernt man in der Schule. Darum ist der Einstieg in das Studium häufig ein Schock, eine völlige Überforderung, vor der man gleich zu scheitern droht. Das gilt es erst einmal durchzustehen.

Die Geschichte hat gezeigt, dass Wissenschaft, um sich zu entwickeln, frei sein muss und nicht an fremde Zwecke gebunden sein darf. Deshalb formuliert das Grundgesetz der Bundesrepublik Deutschland: »Kunst und Wissenschaft, Forschung und Lehre sind frei.«[4] Diese Bestimmung macht Hochschulen zu dem, was sie sind – im Guten wie im Schlechten. Sie verleiht ihnen Autonomie, ihre Fragestellungen und den Lehrstoff selbst zu bestimmen. Inhaltlich dürfen die Aufsichtsbehörden nicht hineinreden. Jeder einzelne Professor, jede einzelne Professorin kann in der eigenen Lehrveranstaltung die eigene Lehrmeinung vertreten sowie Thema und Methode der Forschung selbst bestimmen.

Es gibt auch eine verfassungsrechtlich garantierte Freiheit des Studiums. Dieses Recht umfasst »die freie Wahl von Lehrveranstaltungen, das Recht, innerhalb eines Studiengangs Schwerpunkte nach eigener Wahl zu bestimmen, sowie die Erarbeitung

· ·

4   Artikel 5, Absatz 3, Satz 1 Grundgesetz für die Bundesrepublik Deutschland.

und Äußerung wissenschaftlicher und künstlerischer Meinungen.«[5]

Freiheit ist nur dann Freiheit, wenn man sie nutzt und sie immer neu einfordert. Darum ist es wichtig, dass Sie schon am Anfang Ihres Studiums Ihre Rechte kennen und Sie in der einzelnen Lehrveranstaltung, wenn Lehrende allzu verschult vorgehen wollen, darauf pochen. Es ist der Beginn Ihres wissenschaftlichen Studiums, und Sie haben das Recht auf »die Erarbeitung und Äußerung eigener wissenschaftlicher und künstlerischer Meinungen«.

Der wichtigste Unterschied zur Schule ergibt sich aus dieser Freiheit. In der Schule sind Sie fremdbestimmt. Im Studium können und sollten Sie selbstbestimmt sein, auch wenn Sie noch so unangenehme Pflichtveranstaltungen besuchen müssen. Denn Sie selbst haben Ihr Studienfach frei und aus guten Gründen gewählt. Also sollten Sie aus jeder Veranstaltung inhaltlich so viel für sich herausholen wie irgend möglich.

Lassen Sie sich durch die Arroganz mancher Lehrenden nicht einschüchtern. Vielleicht hilft es, wenn Sie sich vor Augen führen, dass Freiheit nur dann Freiheit ist, wenn man auch das tun kann, was andere – in diesem Fall der Professor oder die Professorin – für dumm halten. Suchen Sie sich, soweit möglich, Verbündete und Rückhalt in der Gruppe. Doch auch allein die »dumme« Frage oder der »dumme« Einwand bringen Ihnen mehr inhaltlichen Lernerfolg als das duldsame Schweigen oder das unverstandene Wiederholen erlernter Phrasen.

Das Problem der unsicheren Sicherheiten   Schulen vermitteln sichere Wahrheiten. Hochschulen suchen sie.

Ein Kennzeichen des Studiums ist, dass es zu jedem wichtigen Problem mehrere Positionen gibt, die alle mit großer Sicherheit behaupten, die Wahrheit zu sein, die sich aber häufig gegenseitig ausschließen. In technischen, wirtschaftswissenschaftlichen und naturwissenschaftlichen Fächern werden Sie damit erst zu einem

· ·

5   § 4, Abs. 4 Hochschulrahmengesetz (HRG).

späteren Zeitpunkt im Laufe des Studiums konfrontiert. In den Geistes- und Sozialwissenschaften geht es meist schon im ersten Semester los. Diese Vielfalt der Lehrmeinungen macht die Wissenschaftsfreiheit aus, auf der anderen Seite kann sie bei Ihnen jedoch zu einer schweren Verunsicherung und Überforderung führen.

Das ist jedoch das Wesen der Wissenschaft. Sie versucht beständig, gesicherte Ergebnisse zu hinterfragen. Nur damit macht man sich in der Wissenschaft einen Namen. In den meisten Fächern gibt es allerdings gesicherte Grundlagen, die Sie zuerst erlernen müssen. Auch diese können eine Überforderung darstellen. Doch sie ist ganz anderer Art als die Überforderung in den Geistes- und Sozialwissenschaften. Dort gibt es kaum irgendwelche von allen zweifelsfrei geteilte Aussagen. Zwar sind die Namen besonders bedeutender Theoretiker anerkannt und viel Zeit wird dafür verwendet, deren Schriften zu interpretieren. Daraus folgt aber keineswegs, dass deren Aussagen von allen als gültig akzeptiert würden. Sie stehen vielmehr neben- und gegeneinander.

Wenn Sie sich von Ihrem Studium klare Aussagen und Erkenntnisse erhofft haben, kann Sie diese Situation zur Verzweiflung treiben. Und tatsächlich sollten Sie das Fach wechseln und ein technisches, naturwissenschaftliches oder wirtschaftswissenschaftliches Studium erwägen, wenn Sie diese Vielfalt und Beliebigkeit nicht aushalten können.

Daraus ergibt sich die Frage, welche die inhaltlich vernünftigsten Kriterien sind, wie Sie bei der Wahl des Studienfaches vorgehen sollten.

Die Wahl des Faches Es gibt Studenten, die schon seit Jahren wissen, dass sie Elektrotechnik – oder irgendein anderes Fach – studieren wollen, weil sie schon seit früher Jugend Experimente mit elektrischen Schaltungen und Elektromotoren anstellen und bei »Jugend forscht« mitgemacht haben. Für andere ist das Studienfach klar, weil sie mit ihm aufgewachsen sind. Es war daheim Thema bei Tischgesprächen, bei Einladungen von Gästen, bei Spaziergängen mit den Eltern und Geschwistern. Immer wieder kam das Gespräch auf Probleme oder kuriose Begebenheiten des

Berufes und damit des Faches. Die Denkweise und besondere Kultur des Faches haben sich so früh vermittelt und sind zu einem selbstverständlichen Teil des Lebens geworden, weil Vater oder Mutter oder beide Mediziner, Juristen oder Ingenieure sind oder waren. In diesem Fall ist man in das Fach hineingewachsen, und Fachwahl und Studienbeginn erscheinen selbstverständlich und ohne Alternative.

Doch dies ist die Ausnahme. Vermutlich haben Sie, wie die meisten Erstsemester, Ihr Studienfach und auch die Hochschule auf mehr oder minder gut informierten Verdacht hin gefunden. Vielleicht haben Sie das Fach gewählt, das Ihnen der Numerus clausus übrig gelassen hat. Wenn das so ist, sind Sie in guter Gesellschaft. Die Fachwahl erfolgt in der Regel eher zufällig als rational. Häufig bestimmt das Lieblingsfach in der Schule, was man später studiert, und nicht das Wissen darüber, was einen in dem Fach tatsächlich erwartet.[6]

Wie kann man in diese Situation mehr Rationalität bringen?

Die Wahl wird noch zusätzlich durch die Tatsache erschwert, dass Sie zum Beispiel Architektur, Kunst oder Musik mit größtem Vergnügen und viel Spaß studieren können, hinterher aber keine Stelle finden, die Ihren Kenntnissen entspricht, und Sie in einem Architektenbüro Routinetätigkeiten erledigen oder die vierte Geige in einem drittklassigen Orchester spielen. Umgekehrt könnten Sie in manchen Ingenieurfächern am Studium beinahe verzweifeln, die Tätigkeit nachher aber als spannende, vielfältige und reizvolle Herausforderung erleben.

Andere Fächer, etwa Psychologie oder Jura, bieten ein spannendes und schwieriges Studium, das aber häufig kaum etwas mit der angestrebten späteren Berufspraxis zu tun hat. Sollten Sie etwa Psychologie in der Erwartung einer späteren therapeutischen Tätigkeit studieren, werden Sie sich durch ein Studium über Statistik

. . . .

6 Vgl. Tino Bargel, Frank Multrus, Michael Ramm: Studiensituation und studentische Orientierungen. 9. Studierendensurvey an Universitäten und Fachhochschulen. Bundesministerium für Bildung und Forschung. Bonn/Berlin 2005. S. 7.

und Testverfahren, psychologische Theorien und Experimente kämpfen müssen, um erst nach dem Abschluss in langwierigen und teuren Privatausbildungen therapeutische Verfahren zu erlernen. Im Jura-Studium lernen Sie das für die Staatsexamina und die spätere Berufspraxis notwendige Wissen nicht im Studium, sondern für teures Geld beim Repetitor und nach dem Studium im Referendariat.

Wie können Sie in einer so komplizierten Situation entscheiden?

Wenn Sie Ihre Fachwahl nur aufgrund von Schulerfahrungen getroffen haben und wenig über die spätere Berufspraxis wissen, sollten Sie vor Studienbeginn ein Berufspraktikum machen, damit Sie einen sinnlichen Eindruck davon bekommen, worauf Sie sich einlassen. Oder Sie finden im Internet Veteranen und Berufseinsteiger und erkundigen sich per Mail nach den Vor- und Nachteilen des Berufs. Vielleicht lassen sich ein Treffen, das Ihnen tieferen Einblick verschafft, oder eine kurze Führung arrangieren.

Wenn Sie vor all dem Angst haben und sich nicht trauen, mit etablierten Menschen aus der Praxis Kontakt aufzunehmen, können Sie im Internet unter dem Suchwort »Studienfachwahl«, dem Namen des Faches und den Berufsmöglichkeiten wichtige Informationen bekommen.

Wenn Sie nach Erkundung der Berufspraxis in Ihrer Studienwahl sicher sind, sollten Sie testen, ob Sie das Studium schaffen können. Das geht am einfachsten, wenn Sie sich gleich zu Studienanfang der schwierigsten Herausforderung stellen, die das erste Semester bietet. Worin die besteht, können Sie von Studierenden höherer Semester, in der Fachschaft oder bei anderen Studentengruppen Ihres Faches erfahren. Sie sollten sich dieser Anforderung mit großer Intensität widmen und schauen, ob Sie dem Stoff mit der Zeit sogar ein gewisses Vergnügen abgewinnen können. Ist dies der Fall, dann haben Sie das richtige Fach gewählt.

Die Wahl der Hochschulart Es gibt einige Fächer, bei denen Sie die Wahl der Hochschulart überhaupt nicht haben. Im Ingenieurwesen, der Sozialarbeit, den Wirtschaftswissenschaften, in der

Architektur, der Restaurierung, dem Verkehrswesen, in Forstwirtschaft und Gartenbau, der Landschaftsgestaltung und einigen anderen kleineren Fächern können Sie dagegen wählen.

Bei der Entscheidung sollten Sie sich durch zwei Fragen leiten lassen. Die erste ist die, nach Ihrer Art zu lernen und zu denken. Neigen sie eher zur Theorie und zum eigenständigen Arbeiten, dann sollten Sie Studiengänge an Universitäten wählen. Denn die sind durchweg theoretisch ausgerichtet, und die Betreuung ist meist nicht so intensiv wie an Fachhochschulen, schon allein weil auf eine Lehrkraft an Universitäten viel mehr Studierende kommen. Daher sind Sie an Universitäten mehr auf sich und Ihre Fähigkeit gestellt, sich selbst zu motivieren und zu organisieren. Sie müssen damit rechnen, dass Sie in beinahe jeder Veranstaltung auf neue Leute treffen und ein enger Kontakt zu Mitstudierenden eher selten ist. In vielen Fachgebieten, insbesondere in den Geistes- und Sozialwissenschaften müssen Sie sich die wesentlichen Inhalte durch Selbststudium beibringen und können nur auf gelegentliche Unterstützung durch Lehrende hoffen. Wenn das für Sie vorstellbar ist, brauchen Sie die Universität nicht zu fürchten.

Wenn Sie jedoch eine enge und intensive Betreuung durch die Lehrenden und einen guten und stetigen Kontakt zu Mitstudierenden brauchen und wenn Sie wissen wollen, wozu Sie das lernen sollen, was Sie gerade lernen, und welche Bedeutung es für die spätere Berufspraxis hat, dann sollten Sie sich für eine Fachhochschule entscheiden.

Die zweite Frage ist die, wie wichtig Ihnen der gesellschaftliche Aufstieg ist. Wenn Sie mit Ihrem Studium vor allem die Hoffnung auf eine höhere gesellschaftliche Stellung, Führungspositionen und hohes Einkommen verbinden, haben Sie mit einem Universitätsabschluss vermutlich die besseren Chancen. Wenn Sie aber eher sach- als prestigeorientiert sind und mit dem Studium vor allem eine solide fachliche Arbeit unter Kollegen anstreben, ist die Fachhochschule wahrscheinlich die bessere Wahl.

Die Wahl des Hochschulorts Wenn Sie sich für eine Hochschulart und ein Fach entschieden haben, steht noch die Frage an, welchen Hochschulort Sie wählen sollen. Auch dafür sollten Sie wissen, wie Sie am besten lernen. Es gibt nämlich für das gleiche Fach
verschultere oder mehr selbstbestimmte und chaotische Hochschulen. Das kann ein wichtiger Gesichtspunkt bei der Wahl des
Ortes sein. Denn wenn Sie zum Lernen eine klare Struktur und
ständige Prüfungen brauchen, wären Sie an einer Hochschule, die
Ihnen viel Selbstorganisation und Eigenmotivation abfordert, möglicherweise überfordert. Um Überforderung zu vermeiden, sollten
Sie auch klären, wie elitär ein Fachbereich ist, wie viel Wert er auf
ein »hohes Niveau« legt, denn umso ausgeprägter wird der Uni-
Bluff, umso schwieriger und einschüchternder wird der Anfang
sein. Wenn Sie sich schon in der Schule unterfordert fühlten, sind
solche Hochschulen aber ideal für Sie.

Ein anderer wichtiger Gesichtspunkt ist die Größe der Hochschule und insbesondere des Faches. Je größer der Fachbereich, je
mehr Lehrende und Studierende, desto größer ist die Auswahl zwischen unterschiedlichen Lehrveranstaltungen und Lehrenden mit
ihren verschiedenen Unterrichtsstilen, und desto mehr Spezialisie-
rungsmöglichkeiten werden regelmäßig angeboten. Andererseits
verlieren Sie sich an einem großen Standort leicht in der Masse,
können Gefühle von Anonymität und Sinnlosigkeit entwickeln und
werden viel leichter Opfer des Uni-Bluffs als in kleinen Fachbe-
reichen, in denen sich alle kennen und in denen Sie leichter en-
geren Kontakt zu den Lehrenden aufbauen können. Wenn Sie kon-
taktfreudig sind und auf Lehrende ohne Hemmungen zugehen
oder aber mit Einsamkeit gut umgehen können, sollten Sie sich
große Fachbereiche anschauen.

Ein ähnliches Für und Wider gibt es bei der Frage Großstadt
oder Provinz, Heimatnähe oder Ferne. In der Großstadt werden
Sie mit vielen kulturellen Möglichkeiten, einem aufregenden Frei-
zeitprogramm, aber auch mit viel Ablenkung konfrontiert. Wenn
Sie es gewohnt sind, diszipliniert zu arbeiten, dürfte das kein
Problem sein. Wenn Sie aber gerne Fünfe gerade sein lassen
und sich damit schon öfter in Bedrängnis gebracht haben, soll-

ten Sie sich vielleicht vor sich selbst schützen und eine Kleinstadt wählen.

Ähnlich verhält es sich bei der Frage der Heimatnähe. Gerade wenn Sie eher brav und diszipliniert und heimatverbunden sind, sollten Sie sich wenigstens probeweise in die Ferne begeben und sich dem Reifungsprozess aussetzen, der damit verbunden ist. Nesthocken ist bequem und billig, lässt Sie aber stagnieren.

Sie sollten sich auf jeden Fall über Fachbereiche oder Fakultäten in den sogenannten neuen Bundesländern informieren. Dort sind die Studienbedingungen meist deutlich besser als an vergleichbaren Institutionen in den alten Bundesländern. Das zeigen die Langzeituntersuchungen der Arbeitsgruppe Hochschulforschung. Dieser Vorsprung dürfte eher noch zunehmen, weil es an den ostdeutschen Hochschulen mit dem Einzug der dortigen geburtenschwachen Jahrgänge nach der Wende nicht den Massenansturm geben wird, der für die westdeutschen Hochschulen erwartet wird. Zudem ist die Infrastruktur neuer, die Ausstattung besser, und die Lebenshaltungskosten, insbesondere die Mieten, sind weit niedriger als in Westdeutschland.

Vor Ort ansehen sollten Sie sich die Hochschule und das Fach auf jeden Fall. Zwar liefert der Internetauftritt wichtige Anhaltspunkte, sagt aber wenig aus über die Atmosphäre im Fach. Oft stammt er von einer Werbeagentur und ist selbst Teil des Bluffs. So verbergen manche Fächer ihre eigentlichen Absichten und Schwerpunkte, um möglichst viele Bewerbungen zu erhalten. Sie sollten daher, wenn irgend möglich, auf jeden Fall die Hochschulinformationstage oder Tage der offenen Tür an den Hochschulen besuchen, die Sie in die engere Wahl gezogen haben.

Wie sollten Sie das inhaltliche Studium beginnen? Sie sollten alle Möglichkeiten zur Information über das Studium in Ihrem Fach nutzen und die Informationen miteinander vergleichen. Sobald es Abweichungen gibt, sollten Sie nachhaken und die Unstimmigkeiten klären.

Das Wichtigste dabei ist herauszufinden, wie Sie Ihr Studium organisieren, zum Beispiel wie Sie an Anmeldetermine für Veranstaltungen und Klausuren kommen. Dazu müssen Sie klären, welche Netzzugänge es gibt, wie Sie Zugang zum Intranet erhalten, ob es für Sie eigene Speicherkapazitäten auf dem Hochschulserver gibt und ob Ihnen eine eigene E-Mail-Adresse eingerichtet wird. Nutzen Sie auf jeden Fall Führungen der Bibliotheken, des Rechenzentrums und erkunden Sie die Computer-Räume und -Anschlüsse Ihres Faches. Erkundigen Sie sich nach fachspezifischen Suchmaschinen und Netzen und anderen elektronischen Recherchemöglichkeiten. Lassen Sie sich auch zeigen, wie Sie Datenbanken mit Zeitschrifteninhalten und Ergebnissen von Forschungsprojekten nutzen können und wie Sie einen Zugang zu elektronischen Zeitschriften und Bibliotheken bekommen. All das sollten Sie so lange wiederholen, bis Sie sich sicher sind, dass Sie den Zugang jederzeit wiederfinden, denn das wird Ihnen das Studium enorm erleichtern (siehe sechstes Kapitel).

Das zweite Ziel beim Einholen möglichst vieler Informationen ist es, Zeit zu gewinnen. Viele neigen dazu, sich aus lauter Begeisterung und Neugier im ersten Semester viel zu viel aufzuladen.

Sie sollten jedoch zwei Schwerpunkte setzen. Der erste ist der Selbsttest in der schwierigsten typischen Veranstaltung des ersten Semesters. Der zweite Schwerpunkt des ersten Semesters sollte sein, die Hochschule und das eigene Fach zu erkunden, sich auch in einzelne Veranstaltungen für höhere Semester hineinzuschmuggeln und zu schauen, was dort läuft. Auf diese Weise können Sie auch andere Fächer erkunden. Ringvorlesungen und andere allgemein zugängliche Veranstaltungen an der eigenen oder an anderen Hochschulen und in der Stadt sollten Sie so häufig wie möglich besuchen. Ideal wäre eine Gruppe, mit der Sie gemeinsam die Stadt und ihre Möglichkeiten entdecken können. Der Sinn all dieser Unternehmungen sollte sein, sich verunsichern zu lassen, neue Perspektiven zu lernen, die Denk- und Sichtweisen anderer Fächer und Künste kennenzulernen.

Für all das müssen Sie sich Zeit schaffen. In manchen Fächern, insbesondere in naturwissenschaftlichen und technischen, wird das schwierig sein, besonders dann, wenn Sie sich auch noch während des Semesters Geld für Ihren Lebensunterhalt verdienen müssen. In diesem Fall müssen die Anforderungen des eigenen Faches Priorität haben.

Informieren Sie sich auch früh nach den Möglichkeiten eines Auslandsstudiums oder Auslandspraktikums. Die Studien- und Prüfungsordnungen der meisten Fächer sehen diese Auslandsaufenthalte im Bachelorstudium vor und rechnen etwaige daraus entstehende Studienverlängerungen bis zu zwei Semestern nicht auf die Regelstudienzeit an. Bei Aufenthalt im europäischen Ausland wird Ihnen das BAFöG voll weitergezahlt, wenn ein außereuropäischer Aufenthalt sachlich zwingend ist, auch dort. Es gibt vielfältige Fördermöglichkeiten durch Stiftungen und durch den Deutschen Akademischen Austauschdienst (DAAD). Die meisten Hochschulen haben darüber hinaus eigene Förderprogramme aufgelegt. Deshalb erkundigen Sie sich bei der Auslandstelle Ihrer Hochschule nach dem neuesten Stand. Denn internationale Erfahrungen sind nicht nur für den Berufseinstieg wichtig, sondern erweitern Ihren Blick und Ihr Denken, sind eine Bereicherung rundum.

Arbeitsstile klären   Sie sollten sich möglichst schon vor dem Studium, spätestens während der ersten Wochen des Semesters über Ihre bevorzugte Lernweise klar werden. Das ist die Hauptaufgabe Ihres Studienanfangs. Denn danach richten sich alle späteren Details des Inhaltsstudiums (siehe sechstes Kapitel).

Sie können das einfach ausprobieren und jeweils ein paar Tage auf die eine oder andere Art arbeiten. Meist wissen Sie aber ganz spontan, was bei Ihnen funktioniert.

Daheim oder in der Bibliothek?

Manche lernen gut daheim. Andere lassen sich dort ablenken durch Telefon, Kühlschrank und all die anderen Möglichkeiten, etwas angeblich Wichtigeres zu tun, wenn die Arbeit mal nicht so leicht von der Hand geht. Manche lernen darum viel besser in der Bibliothek.

Probieren Sie es aus. Testen Sie die Lesesäle der Bibliotheken, auch der zentralen Hochschulbibliothek. Das kann sehr unterhaltsam und abwechslungsreich sein, und beim Testen der Cafeteria lernen Sie wahrscheinlich interessante Menschen kennen. Arbeiten Sie eine Woche lang in der Bibliothek, die Ihnen am angenehmsten ist. Arbeiten Sie dann zum Vergleich eine Woche daheim und schauen Sie, was besser funktioniert. Entscheidend ist, welche Umgebung Ihnen mehr Freude und Kontinuität beim Arbeiten erlaubt.

Allein oder in der Gruppe?

Testen Sie, ob Sie besser allein lernen oder in einer Gruppe. Viele brauchen den Austausch und die emotionale Unterstützung durch andere, wenn sie einen Durchhänger haben. Andere werden durch andere nur abgelenkt und gestört, brauchen die Ruhe und Konzentration des allein Lernens und die dabei gegebene Möglichkeit, das Lerntempo selbst bestimmen zu können.

Zuhören oder lesen?

Probieren Sie, ob Sie besser durch Zuhören und Mitschreiben oder durch Lesen und Exzerpte lernen. Manche können gut zuhören und prägen sich den Stoff hervorragend ein, wenn sie in der Vorlesung die Logik des Vorgetragenen zu erfassen suchen und eine entsprechend systematisch aufgebaute Mitschrift anfertigen. Oft brauchen sie die Mitschrift nie wieder anzuschauen, weil sie sich den Stoff beim Mitschreiben perfekt eingeprägt haben und jederzeit rekonstruieren können.

Andere werden bei Vorträgen und Vorlesungen bleiern müde, kaum dass der Vortragende angefangen hat zu reden. Das Hirn macht regelrecht dicht, die Aufmerksamkeit läßt nach, und sie können keinem zusammenhängenden Gedankengang folgen, geschweige denn eine stimmige Mitschrift erstellen. Sie können gerade mal Einzelzitate festhalten. Wenn Sie wissen, dass es Ihnen bei Vorträgen häufig so geht, sollten Sie bei Vorlesungen gleich zu Beginn nach dem Skript und nach Literaturempfehlungen fragen und die Zeit lieber in der Bibliothek oder daheim zum Lesen nutzen.

Aktiv oder passiv?

Wenn Sie am besten durch Reden lernen und schon in der Schule nur in den Stunden etwas verstanden und behalten haben, in denen Sie sich mündlich beteiligt und eingemischt haben, dann sollten Sie lieber Seminare besuchen. In manchen Fächern sind gewisse Vorlesungen Pflicht, die keine oder kaum Diskussionsmöglichkeiten bieten. In diesem Fall sollten Sie sich eine Gruppe organisieren (das geht auch per Aushang), mit der Sie die Vorlesung nachbereiten: Was war wichtig? Was wurde warum gesagt? Was war die Logik? Was haben Sie nicht verstanden? Was war die Hauptthese? Was spricht gegen sie?

Vielleicht gehören Sie zu denen, die am besten lernen, wenn sie bei Diskussionen passiv dabeisitzen und mitverfolgen, wie die Argumentation läuft.

Alternativen erkunden

Es kann gut sein, dass Sie sich auf eine Ihnen unangemessene Lernform festgelegt haben. Man hat Ihnen vielleicht gesagt, dass Sie sich allein und still an den Schreibtisch setzen und sich so lange auf eine Aufgabe konzentrieren sollen, bis sie gelöst ist. Dabei lernen Sie möglicherweise am besten bei lauter Musik oder bei laufendem Fernseher und lösen am liebsten mehrere Aufgaben gleichzeitig. Es gibt die unterschiedlichsten Arbeitsstile, und Sie sollten sich trauen, sie auszuprobieren.

Alle Arbeitsstile funktionieren aber nur dann, wenn Sie das richtige Studienfach und die richtige Hochschulart und den richtigen Hochschulort gewählt haben. Sonst ist es, als würden Sie ständig bergauf arbeiten.

Sie sollten daher den Studienbeginn vor allem dazu nutzen, Ihre Wahl zu überprüfen. Denn wenn Sie in den ersten beiden Semestern wechseln, wird Ihnen das weder beim BAFöG noch bei der Regelstudienzeit angerechnet. Sie können ein neues Fach anfangen, als ob Sie nie studiert hätten.

Der Einstieg in das Aufstiegsstudium

Die erste Frage zur Aufstiegsfunktion: Welches Studium verleiht das höchste gesellschaftliche Ansehen? Meinungsforschungsinstitute veranstalten regelmäßig repräsentative Befragungen zum Prestige unterschiedlicher Berufe. Allensbach hat zum Beispiel im August 2005 den repräsentativ ausgewählten Befragten eine Liste mit Berufen vorgelegt: »Hier sind einige Berufe aufgeschrieben. Könnten Sie bitte die fünf davon heraussuchen, die Sie am meisten schätzen, vor denen Sie am meisten Achtung haben?« Seit den 1960er Jahren, als Allensbach die Frage erstmals gestellt hat, steht der Arztberuf in der Anzahl der Nennungen an der Spitze. 2005 hat das Umfrageinstitut erstmals auch die Berufe Krankenschwester und Polizist aufgenommen. Beide haben es auf Anhieb auf die Plätze zwei (56 % aller Befragten hatten den Beruf Krankenschwester auf ihrer Liste) und drei (40 % nannten Polizist) geschafft. Danach kamen wieder die Dauerbrenner seit Beginn der Befragung – alles Berufe mit Hochschulausbildung: Hochschulprofessor, Geistlicher, Lehrer, Rechtsanwalt, Ingenieur, Botschafter, Apotheker, Unternehmer, Atomphysiker. Erst dann kam wieder eine Tätigkeit, die man auch ohne Studium erreichen kann: Spitzensportler.

Ansehen verleiht vor allem die Moral. Darum landen nichtakademische, relativ schlecht bezahlte Berufe wie Krankenschwester und Polizist so weit oben auf der Liste. Das Zweite, was Ansehen erzeugt, sind hohe akademische Würden. Arzt, Professor, Geistlicher, Lehrer, Rechtsanwalt – das sind alles Berufe, für die es gegenwärtig nur eine Ausbildung an Universitäten gibt. Erst der Ingenieur – an achter Stelle – wird überwiegend an Fachhochschulen (65 % aller Ingenieure) ausgebildet.

Wenn einem gesellschaftliches Ansehen besonders wichtig ist, sollte man ein Studium an einer Universität dem an einer Fachhochschule vorziehen. Der klassische soziale Aufstieg von Generation zu Generation geht in einer Familie über die Fachhochschule an die Universität und dann von technischen oder wirtschaftswissenschaftlichen Fächern zu Medizin und Jura.

Die zweite Frage zur Aufstiegsfunktion: Welches Studium lohnt sich finanziell? Das Centrum für Hochschulentwicklung (CHE), eine von Bertelsmann finanzierte Stiftung zur Reform des Hochschulwesens, veröffentlichte im Jahr 2000 eine Untersuchung über die Einkommensvorteile, die man durch ein Studium erzielen kann. Im Durchschnitt verdient danach ein Abiturient mit Hochschulabschluss im Laufe seines Lebens 47% mehr als ein gleich guter Abiturient ohne Studium. Der Unterschied sei nicht auf unterschiedliche Begabung zurückzuführen, sondern allein auf die besuchte Institution.

Man kann daraus schließen, dass sich der Hochschulbesuch auch unter Einkommensgesichtspunkten lohnt.

Das CHE berechnete die Bildungsrendite. Das ist die jährliche Verzinsung der für das Studium zusätzlich aufgewendeten Geldsumme durch das höhere Lebenseinkommen. Die Zahlen stammen aus der Zeit nach der Jahrtausendwende. Sie mögen sich im Einzelnen verschieben, doch die Relationen werden sich auch langfristig nicht wesentlich ändern. Die jeweils neuesten Zahlen können im Internet recherchiert werden. Zur Zeit der Berechnung durch das CHE lag sie in Deutschland im Durchschnitt bei 7,5% pro Jahr.

Selbstverständlich schwankte die Rendite von Fach zu Fach.

Zahnmedizin lag mit 11,62% am höchsten, gefolgt von Jura (9,14%), Maschinenbau (7,64%) und Physik (7,55%), die alle eine überdurchschnittliche Rendite erzielten und vermutlich auch weiterhin erzielen werden. Außer Maschinenbau handelt es sich um nur an Universitäten vertretene Studienrichtungen.

Doch bei den Studienrichtungen mit etwas unterdurchschnittlicher Rendite sind die Universitäten auch vertreten: Chemie (7,19%), Mathematik (6,81%), Betriebswirtschaftslehre (6,30%), Bauingenieurwesen (6,14%).

Die Humanmedizin, das Studium, das zu dem Beruf mit dem höchsten Ansehen führt, erzielt eine Jahresrendite von nur 5,99%. Doch kann man diese Ergebnisse durchaus noch als gute Mitte bezeichnen, wobei Betriebswirtschaftslehre und Bauingenieurwesen auch an Fachhochschulen vertreten sind.

Dann kommen Studienrichtungen, die sich finanziell wenig oder gar nicht lohnen: Architektur (auch an Fachhochschulen) (2,91%), Geschichte (1,54%) und Psychologie (0,63%). Richtig kritisch wird es bei: Katholische Theologie (– 0,27%), Pädagogik (– 0,94%), Evangelische Theologie (– 4,79%) und ganz am Schluss Germanistik mit satten – 5,75%.

Für den materiellen Aufstieg gibt es nicht nur einen Unterschied nach Fächern, sondern auch noch bei den Fächern, die sowohl an Fachhochschulen wie Universitäten angeboten werden, also einen Unterschied zwischen den Hochschularten. Die Abschlüsse der Fachhochschulen sind zwar durch Beschluss der Kultusministerkonferenz (KMK) rechtlich mit denen der Universitäten gleichgestellt. Ein Bachelor der Fachhochschulen soll die gleichen Zugangsberechtigungen verschaffen wie der Bachelor der Universitäten. Doch erzielten nach einer im Jahr 2006 unter 25 000 deutschen Hochschulabsolventen durchgeführten Umfrage des Magazins *Der Spiegel* die Fachhochschulabsolventen ein Einstiegseinkommen, das im Durchschnitt aller Fächer um 8 % unter dem der Universitätsabsolventen lag.[7]

Die dritte Frage zur Aufstiegsfunktion: Lohnt sich das Studium noch, wenn Studiengebühren gezahlt werden müssen? Schon aus den obigen Zahlen über die Rentabilität der einzelnen Studienfächer wird deutlich, dass Studiengebühren oder Studienbeiträge für die einzelnen Fächer sehr Unterschiedliches bedeuten würden. Gebühren müssten kostendeckend sein, was bei den gigantischen Kosten für eine Hochschule zu unbezahlbaren Gebühren führen würde. Darum kann es nur um Beiträge zu den Kosten gehen. Solche Studienbeiträge sind aus meiner Sicht für alle Fächer durchaus gerecht, wenn sie sozialverträglich so gestaltet werden, dass niemand nur wegen eines geringeren Einkommens oder eines bildungsferneren Elternhauses vom Studium ausgeschlossen wird. Diese Sozialverträglichkeit hat das Bundesverfassungsgericht in seinem Urteil zu Studiengebühren zur Bedingung einer Zustimmung gemacht und angekündigt, dass das Gericht zukünftige Gesetze der Länder und des Bundes an diesem Maßstab messen werde.

Wenn Sie statt des Studiums ein Handwerk gelernt hätten und nun die Ausbildung zur Meisterprüfung wählen würden,

. . . .

7   Eigene Berechnungen nach den in *Spiegel Online* publizierten Daten.

müssten Sie dafür zwischen 3000 und 5000 Euro pro Jahr an Ausbildungskosten und etwa 2000 Euro für Prüfungsgebühren bezahlen. Schon der Besuch einer Kindertagesstätte veranschlagt nicht unerhebliche Gebühren. Es ist daher nicht einzusehen, dass das Studium, das überwiegend von Kindern aus Elternhäusern mit überdurchschnittlichem Einkommen absolviert und aus der Lohnsteuer der durchschnittlich und unterdurchschnittlich verdienenden Elternhäuser finanziert wird, kostenlos sein soll. Auch zeigt der Vergleich mit den USA, wo im Durchschnitt an öffentlichen Hochschulen 4000 Dollar und an privaten Institutionen 20000 Dollar pro Jahr bezahlt werden müssen, dass sich wegen der umfangreichen Stipendien und Fördermöglichkeiten die soziale Zusammensetzung der Studierendengruppe von der in Deutschland vor Einführung der Studienbeiträge kaum unterscheidet.[8] Bei einem im Durchschnitt um 47 % höheren Gesamteinkommen nach einem Studium im Vergleich zu den Nichtstudierenden dürften Studienbeiträge kein Problem sein. Entscheidend dafür ist jedoch, wie bereits vom Bundesverfassungsgericht betont, die Sozialverträglichkeit, sodass etwaige Kredite zur Finanzierung der Beiträge nur dann zurückbezahlt werden müssen, wenn durch das Studium ein entsprechend höheres Einkommen erzielt wird, und dass die Zinsen so niedrig sind, dass die Kreditnehmenden gegenüber den Sofortzahlenden nicht wesentlich benachteiligt sind. Da das Bundesverfassungsgericht über die Einführung der Studienbeiträge wachen wird und von jeder betroffenen Person angerufen werden kann, stehen die Aussichten gut, dass es schließlich zu einer solchen sozialverträglichen Regelung kommt. Lassen Sie sich also durch die emotional und polemisch geführte und häufig verlogene Kampagne der Gegner der Studienbeiträge nicht verunsichern. Diese verteidigen mehr oder weniger bewusst die Privilegien der besser verdienenden Schichten, die sich ihr Studium aus der Lohnsteuer der weniger verdienenden Schichten finanzieren

· ·

8 Vgl. für die deutschen Daten: Hochschul-Informations-System (HIS), 17. Sozialerhebung. Für die USA: »Almanac Issue 2004 – 5« des Chronicle of Higher Education (Volume LL, Number 1).

lassen. Möglicherweise können Studiengebühren sogar zu einem wirksamen Mittel gegen den Bluff werden (siehe viertes Kapitel).

Die vierte Frage zur Aufstiegsfunktion: Welches Studium gibt die beste Arbeitsplatzsicherheit? Nach den regelmäßigen Berechnungen des Instituts für Arbeitsmarkt- und Berufsforschung (IAB) verringert ein Hochschulstudium das Risiko arbeitslos zu werden durchschnittlich um das Dreifache. Bei den Absolventinnen und Absolventen der Fachhochschulen liegt die durchschnittliche Arbeitslosenquote um ein weiteres Drittel niedriger. Bei beiden Hochschularten ist die Wahrscheinlichkeit, nach dem Studienabschluss schnell einen Arbeitsplatz im Fach zu finden und ihn auch halten zu können, sehr von der Fachrichtung abhängig. Naturwissenschaften und Ingenieurwissenschaften haben die besten Chancen, Geisteswissenschaften, Sozialwissenschaften und Architektur dagegen die schlechtesten. Den aktuellen Stand kann man für jede Studienrichtung im Internet abrufen.

Für die besser bezahlten Stellen in den Grundlagen- und Forschungsabteilungen stellen die Unternehmen bevorzugt Absolventen der stärker theoretisch ausgerichteten Universitäten ein, sodass man auch in Zukunft bei formal gleichberechtigten Abschlüssen davon ausgehen kann, dass ein Universitätsabschluss ein höheres Einstiegsgehalt ermöglicht als der Abschluss eines vergleichbaren Fachhochschulstudiums. Doch gleichzeitig muss berücksichtigt werden, dass ein Fachhochschulabschluss gerade wegen des höheren Praxis- und Anwendungsbezugs eine deutlich bessere Einstellungschance darstellt als ein Universitätsabschluss.

Untersuchungen bei Großunternehmen zeigen zudem, dass nach etwa fünf Jahren die Art des Hochschulbesuchs keine Rolle mehr spielt. Dann ist die innerbetriebliche Erfolgsbilanz entscheidend und nicht mehr, mit welchem Abschluss man in den Betrieb eingetreten ist.

Die fünfte Frage zur Aufstiegsfunktion: Bachelor allein oder gleich auch den Master hinten dranhängen? Ab 2010 wird es in Deutschland keine Diplomstudiengänge mehr geben. Laut Bologna-Deklaration von 1999 sollen bis dahin alle Hochschulabschlüsse in Europa zweistufig werden. Der erste soll nach drei Jahren erreichbar sein, der zweite nach weiteren zwei Jahren. In den meisten Ländern Europas, darunter auch Deutschland, heißt der erste Abschluss »Bachelor«, der zweite »Master«. Dabei sind die Abschlüsse an Fachhochschulen und Universitäten einander gleichberechtigt. Damit stellt sich zu Studienbeginn an beiden Institutionen die Frage, ob Sie gleich versuchen wollen, auch den Master zu erreichen, oder ob Sie sich zuerst einmal mit dem Bachelor zufrieden geben.

Auch hier ist zunächst die Begeisterung für den Inhalt entscheidend. Wenn Sie von der Freude am Stoff durch das Studium getragen werden und dabei gute Noten erzielen, sollten Sie so weit gehen, wie Sie diese Begeisterung trägt, ob das nun der Master, eine Promotion oder nachfolgende Forschungsprojekte sind. Die Aufstiegsfrüchte dieses Inhaltsstudiums werden Sie dann mühelos ernten können.

Wenn Ihnen das Inhaltsstudium eher schwerfällt und Sie vor allem um der späteren Position willen studieren, können Sie die Vor- und Nachteile der Abschlüsse gegeneinander abwägen. Niedrigere Abschlüsse im gleichen Fach führen zu niedrigeren Einstiegseinkommen und geringerem Sozialprestige. Dieses niedrigere Einstiegsgehalt erlaubt es den Arbeitgebern, mehr Leute dieser Qualifikation einzustellen. Die Beschäftigungschancen für diejenigen mit einem Bachelor sind deshalb meist deutlich besser. Darum lohnt es sich darüber nachzudenken, ob Sie nicht zuerst mit einem möglichst guten Bachelor in die Berufslaufbahn einsteigen und einen Master erst später nachlegen, wenn Sie merken, dass sich Ihre Aufstiegschancen damit deutlich verbessern lassen.

Wenn Ihre Abschlussnote beim Bachelor nicht so berauschend ausgefallen ist und Ihnen dadurch ein Direktzugang zum Masterstudium verwehrt ist, bieten die meisten Masterprogramme mit jedem Jahr fachspezifischer Praxis Punkte an, mit denen man schlechte Noten in der Bachelorprüfung ausgleichen kann. Damit kommt ein Masterstudium auch für Spätentwickler in Frage, die erst durch die Berufstätigkeit Feuer fangen und Begeisterung für das Fach entwickeln. Für ein späteres Masterstudium nach einer mehr oder weniger langen Zeit der Berufstätigkeit spricht auch, dass viele Masterstudiengänge sehr spezialisiert und eng definiert und somit erst dann sinnvoll sind, wenn man selbst im Berufsleben erfahren hat, dass es für die Absolventen und Absolventinnen einen tatsächlichen Bedarf gibt. Der optimale Weg ist natürlich, wenn man vom Arbeitgeber zum weiterführenden Studium freigestellt und dafür bezahlt würde. Dies wird zunehmend in naturwissenschaftlichen und technischen Berufen geschehen, die schon heute über einen Mangel an hoch qualifiziertem Nachwuchs klagen.

Wenn Sie sich aus Aufstiegsgründen für ein konsekutives Masterstudium direkt im Anschluss an den Bachelor entscheiden, sollten Sie darauf achten, dass sie ein breit angelegtes Masterprogramm wählen oder eine Spezialisierung, von der Sie sicher wissen, dass sie am Arbeitsmarkt dauerhaft gefragt ist. Denn sonst könnten Sie sich leicht in eine Sackgasse manövrieren. Sie haben eine hohe Qualifikation, die Sie für die Unternehmen teuer macht, Sie verfügen aber nicht über die breiten zusätzlichen Kompetenzen oder passgenauen Spezialisierungen, die die höhere Bezahlung für das Unternehmen lohnend machen. Darum sollten Sie kein Masterprogramm allein danach auswählen, ob es schick und interessant klingt. Prüfen Sie im Internet und anhand der Stellenanzeigen in den großen Zeitungen, ob die von Ihnen favorisierte Spezialisierung tatsächlich nachgefragt ist.

Die sechste Frage zur Aufstiegsfunktion: Praktika während des Studiums oder danach? Untersuchungen[9] unter erfolgreichen Absolventinnen und Absolventen darüber, welche Elemente

· ·

9   Siehe die regelmäßig vom Hochschul-Informations-System (HIS) durchgeführten, vom Bundesministerium für Bildung und Forschung geförderten und von diesem im Internet veröffentlichten bundesweit repräsentativen Befragungen und zahlreiche weitere im Internet einsehbare Absolventenbefragungen, etwa der Fachhochschule Erfurt, aber auch vieler anderer Hochschulen.

des Studiums ihnen den Einstieg in den Beruf und den Aufstieg zu
guten Gehältern und Positionen ermöglicht haben, kommen zum
Ergebnis, dass das Thema der Diplomarbeit, gewählte Studienschwerpunkte, fachliche Spezialisierungen, Zusatzkurse und
selbst die Hochschule, an der man studiert hat, eine geringe Rolle
spielen. Die Abschlussnote sollte für ein gutes Aufstiegsstudium
im oberen Drittel liegen, muss aber nicht hervorragend sein. Die
Absolventen und Absolventinnen mit Spitzennoten erzielen nach
einer Studie der WISO-Fakultät der Universität zu Köln im Durchschnitt sogar geringere Einkommen und geringeren Berufserfolg
als diejenigen, die keine Spitzennote, dafür aber erkennbar zielstrebig und mit viel Eigeninitiative studiert und dabei eine gute
Note erzielt haben. Für hohes Einkommen war nach dieser Studie
wichtig: eine überdurchschnittliche Note, ein möglichst niedriges
Lebensalter beim Abschluss, Mobilität und Eigeninitiative, die sich
etwa durch Wechsel des Hochschulortes und Auslandssemester
zeigen, und ein erkennbarer Praxis- und Anwendungsbezug.[10] Berufsrelevante Vorausbildungen und Berufspraxis, zusätzliche EDV-
Kurse und einschlägige Praktika wirken sich positiv auf den Berufserfolg und die Einkommenshöhe aus.

Die eigentliche Bedeutung der Praktika[11] für das Aufstiegsstudium liegt jedoch beim Berufseinstieg. Etwa ein Viertel der
Absolventinnen und Absolventen schaffen den Berufseinstieg auf
diesem Weg, weitere 10 bis 15 % durch Jobben während des Studiums.[12]

Vor einiger Zeit kam in den Medien die Bezeichnung »Generation Praktikum« auf. Gemeint ist damit die Beobachtung, dass in

· ·

10   Vgl. Clemens Fuest, Heiner Meulemann, Jörg Otto Hellwig: Absolventenbefragung 2003 an der WISO-
    Fakultät der Universität zu Köln. Berufseinstieg der Absolventen der Wirtschafts- und Sozialwissenschaftlichen Fakultät. Ergebnisbericht. März 2004. Als pdf-Datei im Internet einsehbar.
11   »Praktika« ist der Plural von »Praktikum«. Die häufig verwendete Pluralbezeichnung »Praktikas« ist
    falsch und für ein Aufstiegsstudium eher schädlich.
12   Vgl. Kolja Briedis, Karl-Heinz Minks: Zwischen Hochschule und Arbeitsmarkt. Eine Befragung der
    Hochschulabsolventinnen und Hochschulabsolventen des Prüfungsjahres 2001. HIS Projektbericht
    April 2004. S.110 f.

einigen Bereichen immer mehr Absolventinnen und Absolventen nach dem Studium durch immer neue, unbezahlte Praktikumsschleifen wie Flugzeuge durch die Warteschleifen vor der verspäteten Landung ziehen müssen. Eine erste Auswertung der repräsentativen Befragung des Absolventenjahrgangs 2005 durch die von den Hochschulen gegründete und finanzierte HochschulInformations-System GmbH[13] ergab keine Bestätigung für diese Annahme. Eines oder mehrere Praktika nach dem Studium sind kein »Massenphänomen«. Im Durchschnitt leisten um die 15 % aller Absolventen und Absolventinnen nach dem Studium ein Praktikum ab. Mit 34 % sind die Magisterstudenten und mit 26 % die Absolventinnen und Absolventen der Sprach- und Kulturwissenschaften der Universitäten am stärksten betroffen. Das sind Studiengänge mit einem sehr unklaren Berufsprofil, sodass es für Arbeitgeber naheliegt, sich zuerst einmal in einem Praktikum zu versichern, dass die Absolventen und Absolventinnen für den eigenen Betrieb nützlich sein können. Kettenpraktika und Warteschleifen in immer neuen Praktika sind eine Randerscheinung.

Wenn es Ihnen gelingt, während des Studiums einen Praktikumsplatz in einem für den Beruf einschlägigen Betrieb zu ergattern und Sie sich dort als lernfähig und interessiert erweisen, haben Sie eine deutlich höhere Chance auf eine Festanstellung nach Abschluss des Studiums, als wenn Sie sich von außen bewerben. Diese erhöht sich selbstverständlich, wenn Sie mit Projektarbeiten und/oder Ihrer Abschlussarbeit Probleme des Betriebs in einer wissenschaftlichen Untersuchung bearbeiten, lösen helfen und sich so unentbehrlich machen. Hier kommt dann ein gelungenes Inhaltsstudium dem Aufstiegsstudium zu Hilfe.

Die Bedeutung solcher Praktika ist nach den repräsentativen Absolventenbefragungen von HIS stark von der Studienrichtung und Hochschulart abhängig. Absolventen von Fachhochschulen geben nach der Bereitschaft zur Mobilität solche Praxiskontakte

. . . .

13 Vgl. Kolja Briedis, Karl-Heinz Minks: Generation Praktikum – Mythos oder Massenphänomen? HIS Projektbericht April 2007.

als wichtigste Voraussetzung für den gelungenen Berufseinstieg an. An Universitäten sind es vor allem die Absolventen und Absolventinnen technischer Fachrichtungen und der Medizin, für die Praktika während des Studiums und danach für den Berufseinstieg von Bedeutung sind. Das kann jedoch auch daran liegen, dass Praxis und Anwendungsbezug in universitären Studiengängen notorisch unterbewertet sind.

Sie können daher Ihr Aufstiegsstudium, insbesondere in praxisfernen universitären Studiengängen etwa in den Sozial- und Geisteswissenschaften, aussichtsreicher machen, indem Sie schon früh im Studium nach Job-Gelegenheiten in der von Ihnen angestrebten Branche suchen und diese dann nutzen, um während des Studiums einen Praktikumsplatz zu ergattern. Praktika unterscheiden sich vom Jobben dadurch, dass Sie eine gründliche Einführung und Übersicht über die Tätigkeitsfelder in der gewählten Sparte bekommen und – im Idealfall – dazu angeleitet werden, auch anspruchsvolle Projekte selbständig im Team zu bearbeiten. Eine gute Praktikumsstelle bedeutet für das Unternehmen, das sie betreut, einen erheblichen personellen und oft auch finanziellen Aufwand. Darum sind echte Praktikumsplätze, die nicht bloß billige Zusatzarbeit bedeuten, schwer zu bekommen. Es lohnt sich also durchaus, wenn Sie während des Studiums an eine echte Praktikumsstelle mit guter Anleitung und einem umfassenden Betreuungsplan kommen, diese intensiv zu nutzen und vielleicht sogar ein Urlaubssemester dafür einzusetzen.

Ein Praktikum während des Studiums, und zwar möglichst gegen Ende Ihres Studiums, ist einem Praktikum nach Abschluss Ihres Studiums vorzuziehen. Das hat zwei Gründe: Der erste ist, dass Sie als Studentin oder Student für die Betriebe billiger sind, weil Sozialversicherungskosten wegfallen, die für einen Nichtstudenten auch dann anfallen, wenn er oder sie unentgeltlich arbeitet. Der zweite ist, dass Sie die Erfahrungen des Praktikums in Ihre Abschlussarbeit einbringen und möglicherweise eine Arbeit anfertigen können, die Sie für den Berufseinstieg in der von Ihnen gewünschten Sparte zusätzlich empfiehlt.

Fazit zum Aufstiegsstudium   Das Studium an einer Hochschule ist weiterhin der zuverlässigste Weg zum gesellschaftlichen Aufstieg bzw. zur Sicherung der erreichten Position. Hochschulabsolventen gehören dauerhaft zu den 20 % dieser Gesellschaft mit dem höchsten Einkommen und dem höchsten Sozialstatus. Die Absolventen der universitären Studiengänge Medizin und Jura bilden darunter noch einmal eine Spitzengruppe. Dann erst kommen die naturwissenschaftlichen, technischen und wirtschaftswissenschaftlichen Studiengänge, unter denen die universitären Varianten einen leichten Prestigevorteil haben, der sich aber in der Regel nach einigen Jahren Berufstätigkeit verliert.

Der Titel *Uni-Angst und Uni-Bluff* gibt meine eigene Erfahrung mit der Universität wider. Mein erster Kontakt mit ihr löste Gefühle aus, von denen ich damals nicht einmal ahnte, dass sie eine Form von Angst sein könnten. Während der ersten Studienmonate empfand ich eine mir bis dahin unbekannte Einsamkeit und Verlorenheit. Dafür schämte ich mich, denn ich studierte in der Stadt, in der ich aufgewachsen bin und in der ich viele Menschen kannte.

Ich fühlte mich elend und erhaben zugleich. Elend, weil einsam und irgendwie ungenügend. Erhaben, weil ich jetzt einer von denen war, zu denen ich all die Jahre aufgeschaut hatte. Endlich war ich ein Student – und wie zum Beweis dessen besuchte ich die anspruchsvollsten Lehrveranstaltungen. Ich war stolz auf meine Teilhabe an Gelehrsamkeit. Sie erfüllte mich mit einem Gefühl von Bedeutung, obwohl ich wenig verstand – manchmal nicht einmal das, worüber geredet wurde. Aber die Art, wie sich mir bekannte Worte zu völlig unverständlichen Sätzen zusammengefügt werden konnten und wie andere darüber auch noch – offensichtlich verstehend – diskutierten, das faszinierte mich. Es erzeugte in mir Erschrecken und Bewunderung zugleich, einen neidvoll hilflosen Eindruck von einer für mich damals kaum erreichbaren, jedoch sehr erstrebenswerten Eleganz. Der Ausdruck von Präzision und Konzentration, der in den Gesten und Blicken der Redenden lag, schien mir zu zeigen, dass es um etwas Wertvolles und Bedeutendes ging, obwohl der Ton eigentlich unpathetisch, die Sprechweise eher trocken war. Die Redenden kamen mir wie Jongleure vor, denen es gelang, die glitzernden Teile ihrer Wortgeflechte in wirbelnder Schwebe zu halten, und die dabei den Anschein erweckten, als wäre es ein noch ungenügender und bloß erster Versuch. Diese Bescheidenheit dort, wo ich nicht einmal verstand, worum es ging, unterstrich für mich die Wichtigkeit dessen, was da verhandelt wurde. Die Unverständlichkeit selbst begann nach und nach für die Wichtigkeit des Gesagten und damit für die Bedeutsamkeit meiner Teilhabe am universitären Geschehen zu stehen. So erlag ich bald der Faszination des Unverständlichen. Verständliche Veranstaltungen kamen mir wie ein Rückfall in die Schule vor. Ich kritisierte sie heftig und von oben herab, nannte sie manchmal abschätzig: »Kindergarten«. In den Veranstaltungen, wo ich wenig oder nichts verstand, saß ich dagegen ebenso aufmerksam wie gespannt und schrieb heftig mit. Auch ich wollte mit der Sprache jonglieren können. Ich wollte die Theorienetze, in denen sich – so schien es mir – die bedrohliche Wirklichkeit fangen und bannen ließ, verstehen und solche Netze selbst flechten können.

Versuchte ich es jedoch selbst, fand ich mich plump und unbeholfen. Ging überhaupt jemand auf mich ein, dann mit Argumenten, die mich häufig beschämten, weil ich auch sie nicht verstand und weil Namen als Argumente angeführt wurden, die ich nie gehört hatte, und Fremdwörter benutzt wurden, die ich nicht kannte. Ich zog mich zurück und machte mich daran, die Werke derer zu lesen, deren Namen am häufigsten auftauchten, damit ich bald mitreden könnte.

Doch auch beim Lesen verstand ich vieles nicht trotz wiederholter Lektüre. Immer häufiger überfiel mich dabei eine bisher nie gekannte, lähmende Müdigkeit.

Nur wenn ich unter Freunden war, wenn ich mich sicher wusste vor den Überlegenen, besonders bei Alkohol abends in der Kneipe, übte ich die neue Sprache, benutzte die frisch gelernten Fachwörter und zitierte die Namen der Autoren, deren Texte ich nur halb verstand. Es waren meine ersten Übungen im Uni-Bluff.

Vorübungen im Bluff

Mit dem Bluff als solchem hatte ich einige Erfahrung – vielleicht eine Voraussetzung dafür, dass ich irgendwann selbst merkte, was ich tat, und darüber schreiben konnte.

Als zwölfjähriger hatte ich angefangen, Waldhorn zu spielen, auf einem von der Schule zur Verfügung gestellten Instrument. Auf diesem Horn war ein Ton, das »F«, irgendwie verzogen, sodass er kaum zu treffen war. Meine Lehrer merkten es nicht, weil sie nie auf meinem Instrument spielten. Sie hielten mich wohl für besonders unbegabt und wappneten sich mit Geduld.

Im Blasorchester der Schule, für das ich das Instrument geliehen bekommen hatte und dem ich wegen der Konzertreisen angehören wollte, erlebte ich einen Alptraum. Der Leiter des Orchesters unterbrach immer wieder mit: »Da stimmt was nicht!« Dann ließ er Instrumentengruppe nach Instrumentengruppe allein spielen, bis er bei den Hörnern war. Die mussten dann einer nach dem anderen vorspielen, bis er mich hatte: »Wagner, dein Ton! Das klingt ja wie eine Gummihupe!« Ich fühlte mich blamiert, vorgeführt, lächerlich gemacht. Das sollte mir nicht noch einmal passieren. Aus Angst vor einer Wiederholung erstarrte ich bei der nächsten Orchesterprobe und hielt mein Waldhorn wie die anderen an die Lippen, tat aber nur so, als ob ich Töne erzeugen würde. Keiner merkte es.

So habe ich die erste, häufigste Form des späteren Uni-Bluffs erlernt. Er besteht im Sich-Verbergen, im Schweigen und So-tun-als-ob-man-verstünde. Man zeigt ein kluges, aufmerksames Gesicht und versteckt dahinter die Angst vor einer möglichen Blamage. Diese Angst, die »Uni-Angst«, hält einen davon ab, mitzudiskutieren, mitzuarbeiten und sich mit Freude Themen zu erschließen.

Das Stillhalten bietet zwar Sicherheit vor einer bedrohlichen Situation. Aber gleichzeitig verhindert es das Lernen.

So erging es auch mir mit meinem Horn-Bluff in der Schule. Ich konnte zwar an den Orchesterreisen teilnehmen und wurde nie wieder vor dem Orchester blamiert. Aber ich lernte auch nie richtig Horn zu spielen. Stattdessen setzte sich in mir die Überzeugung fest, dass ich einfach unmusikalisch sei.

Als ein Gutachter alle Instrumente der Schule auf ihren Wert schätzen sollte, spielte er als erster Fremder mein Instrument und urteilte: »Fünf Mark Schrottwert! Es ist erstaunlich, dass der Junge darauf spielen konnte!«

Ich bekam ein neues Horn. Aber ich war inzwischen so von meiner Unfähigkeit überzeugt, dass ich kein Risiko eingehen wollte und meinen Bluff beibehielt, bis ich einen Anlass zum Absprung fand. Ich hörte mit dem Musizieren auf – für immer. Das passiert auch häufig beim Sich-Verbergen in der Hochschule. Man studiert immer unlustiger, ist immer mehr von der eigenen Unfähigkeit überzeugt und bricht schließlich das Studium ganz ab.

Mein zweites Bluff-Erlebnis war ganz anderer Art. Im mündlichen Abitur fragte mich ein Prüfer im Fach Geschichte, in dem ich mich besonders sicher fühlte, ob der amerikanische Präsident bei einem sowjetischen Raketenangriff der Verfassung nach eine Kriegserklärung vom Kongress einholen müsse. Eigentlich wusste ich dazu nicht mehr als aus der Zeitungslektüre. Doch aus der Fragestellung ging bereits hervor, dass die Antwort »nein« lauten musste. Ein einfaches »Nein« schien mir nicht zu genügen. Also griff ich – ohne nachzudenken – zu einem gewagten Bluff: »Nach der Retaliatory Blow Bill vom 28. Oktober 1958 muss er das nicht!«, sagte ich – und bekam ohne weitere Fragen eine »Eins«. Sowohl das Datum als auch der Name des Gesetzes waren frei erfunden. Weil die Hauptaussage stimmte, konnte ich damit rechnen, dass keiner der Prüfer zugeben würde, dass er weniger gut Bescheid wusste als der Prüfling. So konnte ich ohne großes Risiko einen weit besseren Eindruck machen, als wenn ich nur das gesagt hätte, was ich wirklich wusste.

Der offensive Bluff ist die klassische Form des Bluffs beim Pokerspiel, aus dem das Wort »Bluff« stammt. Man verhält sich so, dass die anderen den Eindruck gewinnen, man habe ein viel besseres Blatt als in Wirklichkeit. Damit soll erreicht werden, dass die Mitspieler nicht weiter mitbieten und man den Gewinn einstreichen kann, ohne sein schlechtes Blatt zu zeigen.

Dieser zweite Bluff unterscheidet sich radikal vom ersten: Anstatt der Anpassung aus Angst vor Fehlleistung oder der Verbergungstaktik, geht er in die Offensive, setzt auf die Angst der anderen, um so das Feld zu behaupten. Er hat den Vorteil, dass man sich stark fühlt und vor Infragestellung relativ sicher ist. Weil man sich nicht zeigen kann, wie man wirklich ist, lebt man aufgeplustert in Einsamkeit und verpasst unzählige Lernmöglichkeiten.

Beide Arten von Bluff traf ich an der Uni wieder und erlernte sie – auf viel höherem Niveau, versteht sich, und um viele Varianten reicher.

Einübung des Uni-Bluffs

Davor aber lag eine lange Leidenszeit. Denn solange ich die universitäre Sprache nicht beherrschte, wagte ich selten, mich zu äußern. In den meisten Seminaren tat ich es wie die meisten anderen, saß da, und machte wie die anderen ein klug-aufmerksames Gesicht, schwieg und litt.

Aus lauter Angst vor der Blamage fragte ich auch dann nicht nach, wenn ich etwas nicht verstand. Denn wahrscheinlich war ich der Einzige, so meinte ich damals, der das, wonach ich fragen wollte, nicht verstanden hatte. Alle hätten gedacht: »Was für eine dumme Frage!«, nahm ich an. Ich hätte mich blamiert wie in der Schule, als ich vor dem ganzen Orchester einen falschen Ton spielte. Die Folge meines Schweigens war die gleiche wie im Orchester bei meinem Blasen-ohne-Ton. Ich blamierte mich zwar nicht. Ich lernte aber deutlich weniger, als wenn ich nachgefragt und mich aktiv beteiligt hätte.

Manche Seminare waren weniger einschüchternd. Meist lag das am Professor oder Assistenten, der sie hielt. (Weibliches Lehrpersonal gab es damals kaum.) Sie übersetzten komplizierte Texte in verständliches Deutsch. Sie erklärten Fachbegriffe, erläuterten Theorien an eingängigen Beispielen, ermutigten zu Fragen und behandelten den Stoff mit Humor und mit einer gewissen ironischen Distanz.

In solchen Seminaren wagte ich manchmal etwas zu sagen. Dennoch hatte ich dabei feuchte Hände, einen rasenden Puls und eine zitternde Stimme. Und ich sagte nur etwas, wenn ich mir meiner Sache ganz sicher war, wenn ich mich gut vorbereitet hatte, alle Texte und einiges zum Hintergrund gelesen hatte. Manchmal konnte ich dann durch überlegenes Faktenwissen auftrumpfen. Das gab mir Sicherheit.

Manchmal stellte ich aus lauter Angst vor Blamage Fragen, die keine Antwort suchten, sondern zeigen sollten, wie viel ich gelesen hatte und wie viel ich wusste. Es war eine andere Form des Horn-Blasens-ohne-Ton: Ich fragte, ohne zu fragen. Aber immerhin wagte ich es, mich zu äußern und baute nach und nach Angst ab. Seltsamerweise ließ sich dieser Erfolg nicht von einer Veranstaltung auf die andere oder von einem Semester auf das nächste übertragen. Während ich in manchen Seminaren reden konnte, ging es in anderen einfach nicht.

An Tagen mit Redeseminaren fühlte ich mich gut. Die Schweigetage deprimierten mich. Immer aber fühlte ich mich auf eine unerklärliche Weise einsam und verloren – so sehr, dass ich manchmal in der Bibliothek durch das Fenster schauend den Straßenfeger draußen um seine klar definierte, einfache Tätigkeit beneidete.

Anfangs erklärte ich mir diese Empfindungen damit, dass ich in den Vorlesungen und Seminaren niemanden kannte, dass ich manchmal ganze Tage verbrachte, ohne mit jemandem zu reden. Doch später merkte ich: Wenn ich mit Freunden in der Veranstaltung saß, war das Gefühl zwar weniger stark, aber es war dennoch da – wie ein Hintergrundgeräusch, das ich mit Witzen zu übertönen suchte. Saß ich zu Hause allein vor den Büchern, überfiel mich das Gefühl erneut mit großer Macht.

Dennoch wagte ich es immer häufiger, mich in Veranstaltungen zu äußern. Und immer häufiger nutzte ich, um mich gegen mögliche Einwände zu wappnen, die offensive Form des Bluffs, die ich erstmals im Abitur eingesetzt hatte. Ich behauptete einfach, das, was ich gerade vortrug, habe auch der berühmte … gesagt. Dabei hatte ich den berühmten … nur teilweise gelesen. Und ich war mir keineswegs sicher, ob der … das von mir Behauptete jemals geschrieben hatte, und hätte eine solche Stelle sicher nur nach langem Suchen gefunden, wenn überhaupt. Aber wie in meiner Abiturprüfung wagte es niemand, sich die Blöße zu geben, es weniger genau zu wissen als ich.

Es klappte derart gut, dass ich schließlich übermütig wurde und meine »Technik« in einem Philosophie-Seminar anwandte. Ich formulierte: »Wie schon Rousseau mit ›Zurück zur Natur‹ sagte, so …« Der Professor aber hakte nach: »Wie meinen Sie das? Wo sagt denn Rousseau ›Zurück zur Natur‹?« Ich stotterte herum und verfiel schließlich – mit roten Ohren – in ein Schweigen, das mich sehr an die Situation im Blasorchester erinnerte.

Von da an bemühte ich mich um mehr Vorsicht. Ich lernte Floskeln und Techniken (z.B. »Klar, habe ich das jetzt überspitzt, und man kann das auch anders sehen, aber …«), mit deren Hilfe ich mich kritischen Nachfragen entziehen konnte. Ich wählte Formulierungen wie: »Empirische Untersuchungen aus den USA zeigen …« Oder: »Im Allgemeinen kann gesagt werden, dass …« Ich streute »häufig«, »oft«, »in vielen Fällen« und ähnlich relativierende Floskeln über den Text, mit denen ich mich bei einem Widerspruch aus der Affäre ziehen könnte. Schön war auch die Formulierung: »Ich meine, mich erinnern zu können, bei … gelesen zu haben, wonach …« So konnte ich meine eigenen Argumente mit einem großen Namen absichern, den niemand anzugreifen wagte. Falls es dennoch Nachfragen gab, hatte ich mir mit meinem vagen »ich meine, mich erinnern zu können« eine Rückzugsmöglichkeit offengehalten.

Ich redete in Seminaren immer öfter und bekam eine gewisse Routine. Es war ein schwieriger Anpassungsprozess, denn von der Bedeutung vieler Theorien und Wörter, die ich nun selbst zitierte und benutzte, hatte ich nur eine vage Ahnung. Anstatt sie in Lexika nachzuschlagen und sie mir gründlich anzueignen – ich las viel, aber nie genug, bei all den Theorien und Büchern, die nur in einem einzigen Seminar behandelt wurden –, beobachtete ich die Gesichter der anderen, vor allem das des Dozenten. Jedes Augenbrauenzucken oder bedenkliche Kopfwiegen ließ mich das eben Gesagte relativieren, einschränken oder auf wenige Fälle beschränken. Oft kam ich mir wie ein Pilot im Blindflug vor, der nichts von der Wirklichkeit draußen sieht und das Flugzeug nur nach der Anzeige seiner Instrumente steuert, sogar landet. So steuerte ich meine Redebeiträge zwischen den mimischen Warnsignalen hindurch in einem Sicherheitskorridor sprachlicher Anpassung. Auf diese Weise lernte ich mit der Zeit die universitäre Sprache.

Jahre später, inzwischen Assistent, unterhielt ich mich mit einem Studenten beim Warten auf die U-Bahn und erinnerte mich bei seiner vorsichtig tastenden Sprechweise an meine eigene Angst, wenn ich mich mit einem Dozenten unterhalten musste. Mir fiel mein Studienanfang wieder ein, die Anstrengung und Angst, die damit verbunden gewesen war. Ich arbeitete an dieser Erinnerung und schrieb sie in einem Aufsatz nieder, der dann zum Anlass für die erste Ausgabe dieses Buches wurde.

Aber mit Ende meines Studiums hörte das Drama nicht etwa auf. Bei jedem Kongress, bei jedem Vortrag vor großem Publikum, bei jedem Beitrag in einem wichtigen Gremium kam die Angst wieder. Und selbst als ich viele Jahre später Rektor einer Hochschule war, überfielen mich wieder die gleichen Redeängste, wenn ich im Plenum der Hochschulrektorenkonferenz vor all den anderen Rektorinnen und Rektoren etwas sagen sollte. Die Uni-Angst hörte nie auf und hielt so auch die Angstabwehr, den Uni-Bluff, lebendig.

Einige Merkmale der Wissenschaftssprache

Die universitäre Sprache unterscheidet sich radikal von unserer alltäglichen Umgangssprache. Höchstens die Sprache der Bürokratie kommt ihr nahe, wohl weil sie ebenfalls ein Mittel der scheinbar unpersönlichen Herrschaft ist.

Die Merkmale der universitären Sprache sind ausgeprägter, wenn sie geschrieben ist. Aber auch beim Sprechen, selbst bei kurzen Gesprächen in der Cafeteria, tauchen ihre hervorstechenden Eigenschaften auf:

Sie ist vor allem unpersönlich. Das »Ich« kommt kaum vor. »Man« geht gerade noch, ist heute aber aus geschlechtsparitätischen Gründen etwas verpönt. Manche benutzen »wir« statt des »ich«, auch in subjektiv gemeinten Sätzen. Andere packen in das »Wir« ganz ungefragt die Leserinnen und Leser hinein, so als ob sie jeden Schritt der Argumentation solidarisch, freudig und im Schulterschluss mitmachen würden (»und so kommen wir zu dem Ergebnis, dass ...«). Meistens aber haben die Sätze gar kein Subjekt, als erzeuge sich die Erkenntnis selbst, ohne Mitwirkung irgendwelcher Personen.

Da ist dann die Rede vom »Diskurs«, vom »Forschungsstand«, von »der Literatur« (als ob die sich selbst schriebe), »nach neuesten Erkenntnissen« (als ob die sich selbst dächten) oder ähnlichem. Um diese Austreibung der Menschen als Subjekte des Denkens und Erkennens aus der Wissenschaftssprache durchzuhalten, greifen die Autorinnen und Autoren zu Passiv-Konstruktionen, Umschreibungen und Floskeln, die beim Lesen ein Gefühl der Zwanghaftigkeit vermitteln, so als laufe der Gedankengang mit der Unvermeidlichkeit eines Naturereignisses ab, als käme die Wahrheit selbst daher.

Statt des schreibenden oder sprechenden Subjektes tauchen die Namen anderer auf. Dabei gibt es zwei Arten von Namensnennungen. Die eine erwähnt nur Berühmtheiten, auf die sich die Autorinnen und Autoren stützen als Kronzeugen und Ausweis für die Hoffähigkeit ihrer Argumentation. Sie werden meist nur mit dem Nachnamen erwähnt. Bei den ganz berühmten wird auch kein Werk angegeben. Es heißt dann einfach: »Einstein sagte bekanntlich …« Auch dort, wo das »bekanntlich« nicht steht, wird immer so getan, als ob ganz klar wäre, was die Berühmtheit meint, und die eigene Lesart vom berühmten Autor abgesegnet wäre.

Die Namen werden strategisch wie in einem Schachspiel eingesetzt. Die großen, »heiligen« Namen sollen auf Distanz große Flächen vor Angriffen schützen wie Türme und Läufer. Sie sind strategische Figuren im Hintergrund. Fürs Handgemenge dient die zweite Art der Namensnennung, die aus anderen Schriften übernommenen Fakten und Detailbelege. Sie haben keine Bluff-Funktion, sondern sind unverzichtbare, legitime Belege. Sie tauchen nur in den Klammern der Kurzzitierweise oder in den Fußnoten auf. Sie sind wie die Springer und Bauern im Schach. Sie schlagen über Eck oder im Vorüberziehen. Sie werden geopfert oder dienen als zusammenhängende Zitatkette zur Absicherung der eigenen Position.

Die Dame im Spiel, die alles schlägt und schnell von hier nach da einsetzbar ist, sind die eigenen Untersuchungsergebnisse. Sie müssen effektvoll eingesetzt und gegen Angriffe doppelt und dreifach gesichert werden, damit der König, die eigene, originelle These, allen denkbaren Angriffen standhält und am Ende obsiegt. Diese Kombination legitimer Beweismittel mit großsprecherischem Imponiergehabe macht den Uni-Bluff so schwer durchschaubar.

Die gesprochene Wissenschaftssprache

Die gesprochene Wissenschaftssprache ist gekennzeichnet durch verdrehte Konjunktive, mit denen sich die Sprecherinnen und Sprecher von dem distanzieren, was sie gerade eben sagen: »Ich würde sagen«; »ich würde meinen wollen, dass ...« klingt, als ob eigentlich niemand redet, wenn aber jemand reden würde, dann ... Die dazugehörige Körpersprache ist ebenso voller Signale, die anzeigen, dass die redende Person eigentlich nicht richtig da ist: der Blick ins Leere, nach innen, wie auf ganze Bibliotheken voller Wissen gewandt, aus denen auszuwählen die größten Schwierigkeiten bereitet. Zögerlich gewählte Worte von »Ähms« und »Ähs« unterbrochen, spitzmündig formuliert mit geistig abgespreiztem kleinen Finger, signalisieren die extreme Schwierigkeit der Materie und das hohe Niveau ihrer Bewältigung.

»Niveau« ist sowieso ein Lieblingswort an Hochschulen und wird bei jeder Gelegenheit bemüht. Gegnern spricht man es ab und beschuldigt sie mit Genuss »unter Niveau« zu argumentieren oder nicht einmal das »wissenschaftliche Minimalniveau« zu erreichen.

Ein weiterer charakteristischer Unterschied zur Alltagssprache ist eine Kompliziertheit des Redens, die nicht etwa der Schwierigkeit des Gedankens oder der Sache entspringt. Meist entsteht sie dadurch, dass vor dem Argument, das angebracht und begründet werden soll, schon alle möglichen Gegenargumente – ohne sie zu nennen, versteht sich – widerlegt werden. Diese eingeflochtenen Nebenschachtelsätze (»wobei hier nicht der poststrukturalistischen Wende oder gar einer Feyerabend'schen Beliebigkeit das Wort geredet werden soll, aber ...«) scheinen einem Diskussionsbeitrag erst die höheren Weihen zu geben.

Dies alles sind Erscheinungsweisen der universitären Sprache noch vor jedem Inhalt. Als auftrumpfende Angstabwehr haben sie selbst dann den Charakter von Bluff, wenn inhaltlich kein Bluff nachzuweisen ist, wenn die Inhalte stimmen, wenn sie in jedem Punkt belegt oder unstrittig sind. Auch wenn der Schreibende oder Redende es nicht beabsichtigt hat, übt die gewählte Sprache doch die Funktion aus, kritische Einwände oder gar Widerspruch

durch die inhaltlich überschüssige Form von vornherein abzu-
wehren.

Diese Funktion ist mir bereits am Anfang meines Studiums
auf eine untergründige Art deutlich geworden. Das äußerte sich
darin, wie ich es genoss, neue Fremdwörter, eben erst gelernt, in
meine Sätze einfließen zu lassen. Wenn ich die Wahl hatte zwischen einem Fremdwort und dem deutschen Ausdruck, zwischen
einer unpersönlich komplizierten und einer direkten Sprechweise,
dann griff ich mit Vorliebe zur komplizierten und ließ mir die
schwierigen Wörter auf der Zunge zergehen.

Das Fremdwort scheint höheres »Niveau« auszuweisen, wirkt
unbestimmter und umfassender als das bedeutungsgleiche deutsche Wort und hat den Klang eines exklusiven Fachworts. Das
Fremdwort verweist auf den universitären Zusammenhang, aus
dem es stammt, und wird zum Nachweis der eigenen Verbunden-
heit mit Wissenschaft und großer Theorie – vor allem für die sprechende Person selbst: Seine Verwendung wertet auf und verleiht
den erstrebten akademischen Adel.

Was ist und wie funktioniert »Bluff«?

In einem alten Lexikon habe ich eine schöne Definition für
Bluff gefunden: »verblüffende Täuschung, Vorspiegelung.«[14]

In früheren Fassungen dieses Buches habe ich dem Eindruck
Raum gelassen, dass vieles an den Hochschulen Bluff im Sinne dieser lexikalischen Bedeutung sei, reine »Vorspiegelung«, frei erfunden und ohne eigene Substanz. »Der blufft doch nur!«, wird von jemandem gesagt, der im Kartenspiel nichts auf der Hand hat oder
der im Kriminalfall mit einer ungeladenen Waffe droht.

Mit der Wortschöpfung »Uni-Bluff« wurde dieses »Der blufft
doch nur!« als typisch für universitäre Zusammenhänge unterstellt.
Das hatte für alle, die sich durch die Universität eingeschüchtert
fühlten, eine entlastende Wirkung. »Die kochen auch nur mit Was-

· ·

14 Das große Fischer-Lexikon in Farbe. Frankfurt am Main 1976.

ser, und wahrscheinlich steckt hinter dem, was mich jetzt so einschüchtert, nur aufgeblasenes Gehabe.« Möglicherweise hat das zum Erfolg des Buches beigetragen.

Ich muss jedoch heute nach meinen Erfahrungen als Rektor einer Hochschule und unzähligen Konferenzen und Kongressen klarstellen, dass ein solcher kompletter Bluff wie im Lexikon definiert, »verblüffende Täuschung, Vorspiegelung«, zwischen gestandenen Wissenschaftlerinnen und Wissenschaftlern anders als zwischen Studierenden eher selten ist.

Beim Poker hat das Wort »Bluff« eine ganz andere Bedeutung. Dort kommt die »verblüffende Täuschung, Vorspiegelung«, der Bluff mit ganz schlechten Karten, so gut wie nie vor. Das wäre viel zu riskant und ist nur mit kompletten Anfängern zu machen. Normalerweise blufft ein Spieler nur im Zweifelsfall. Meist geht das so: Er nimmt seine Karten auf und sieht ein mittelmäßiges Blatt, dem aber ein oder zwei Karten fehlen, um wirklich gut zu sein. Die Chancen, dass er die beim Aufnehmen findet, stehen nicht schlecht. Also setzt er genügend Geld, um diese Chance wahrnehmen zu können. Dann kommt die Runde mit dem Aufnehmen der Karten. Wenn er Glück hat, zieht er sein Spiel durch und verhält sich möglichst undurchsichtig, um die anderen zu hohen Einsätzen zu verleiten. Auch das ist eine Form des Bluffs, das tiefer Stapeln. Sie kommt an Hochschulen so gut wie nie vor. Wenn er gar kein Glück hat und gar nichts findet, wird ein guter Spieler normalerweise aussteigen. Wenn er aber nur eine gute Karte zieht und sein Blatt zwar besser, aber nicht richtig gut ist, kommt die Versuchung auf, richtig zu bluffen, wenn die anderen auch weitermachen. Denn dann sind die Karten etwa gleich gut verteilt und auch geringe Unterschiede können den Gewinn ausmachen. Jetzt kann ein kleines triumphierendes Lächeln, eine etwas zuversichtliche Stimme und dann ein demonstratives Pokergesicht bei den Mitspielern den Eindruck erwecken, dass man tatsächlich die erwarteten guten Karten gefunden hat, und so veranlasst man die Mitspieler dazu aufzugeben. Damit verlieren sie das Recht, das Blatt zu sehen, und der Bluffer kann den Gewinn einstreichen, ohne dass jemand den Bluff bemerkt.

Es ist diese eher subtile Form des Bluffs, um die es beim Uni-Bluff geht. Wie beim Poker ein etwas unsicheres Blatt besser erscheinen soll, als es tatsächlich ist, so gibt sich der Wissenschaftler, die Wissenschaftlerin ein wenig besser, klüger, belesener, kundiger und tiefgründiger, als er oder sie tatsächlich ist. Es geschieht aus einem Tausende Male eingeübten Reflex zur Absicherung und Aufwertung der eigenen Darstellung in der Hoffnung, dass die Konkurrenten sich genügend beeindrucken lassen und man ungefragt und undiskutiert als perfekt dasteht. Es geht also normalerweise um gewohnheitsmäßiges Imponiergehabe, selten um Hochstapelei.

Diese Form des Bluffs, der überschüssige Argumentationsaufwand, die Umständlichkeit und Gespreiztheit der Texte und das großspurige akademische Gehabe, tritt meiner Erfahrung nach seit dem ersten Erscheinen dieses Buches nicht seltener auf. Diese Beobachtung hat mich die ursprüngliche, wahrscheinlich naive Hoffnung aufgeben lassen, man könne den Bluff abbauen, indem man ihn entlarvt. Bluff ist vielmehr ein integraler Bestandteil der Berufsqualifikation akademisch gebildeter Menschen.

Bluff, überschüssige Selbstdarstellung, gibt es in beinahe allen Lebensbereichen. Sie gehören zur Konkurrenzgesellschaft wie die Luft zum Atmen. Schon in der Grundschule lernt man diese Technik. In den gruppendynamischen Ränkespielen in Schule und Sport wird sie geübt. Während und nach der Pubertät werden sie perfektioniert. Tanzkurse, Partys, Besuche in Diskotheken und die anderen Wettkämpfe der Attraktivität gelten als hohe Schule der Selbstdarstellung. Beim Übertritt in die Hochschule ist sie bereits Routine.

Doch die Hochschule, insbesondere die Universität, erzeugt eine neue, spezielle Form der überschüssigen Selbstdarstellung, die verschleiernde, imponieren wollende Wissenschaftssprache, den Uni-Bluff. Und der hat andere Folgen als die gewöhnliche, bisher erlernte Selbstdarstellung. Denn an Hochschulen dreht sich alles um Kommunikation. Und der Uni-Bluff bedeutet gestörte Kommunikation. Dazu einige Beispiele.

Beispiele für die Folgen des Uni-Bluffs

Als Alexander begann, Medizin zu studieren, wollte er den Menschen helfen. Dieses Motiv hielt gerade mal ein paar Semester vor. Schon vom ersten Semester an veränderte es sich. Im achten Semester, kurz vor dem Examen, ging es ihm nur noch ums Geldverdienen, um eine möglichst hohe Professionalität in seiner Arbeit, um einen günstigen Kredit für die Ersteinrichtung seiner späteren Praxis, um ein leicht zu bearbeitendes Thema für seine Doktorarbeit und um eine gut funktionierende Arbeitsgruppe zur Vorbereitung des Examens. Den helfenden Aspekt seines Studiums und seiner späteren Arbeit hatte das Studium nahezu vollständig aus seinem Kopf getilgt.

Marion war auf dem Land als Tochter katholischer Kleinbauern aufgewachsen. Sie gehörte damit zu der Gruppe in Deutschland mit den geringsten Bildungschancen. Es war ein kleines Wunder, dass sie es dennoch schaffte. Sie studierte Pädagogik und Psychologie und hatte es schwer während ihres Studiums. Sie fühlte sich ausgeschlossen und benachteiligt. Sie litt unter der Wissenschaftssprache und konnte sich selten »cool« und überlegen geben. Meist fühlte sie sich unterlegen und hilflos. Sie schrieb ihre Diplomarbeit darüber, wie die Wissenschaft schichtspezifische mittelständische Muster in Sprache und Auftreten voraussetzt und so Arbeiter- und Bauernkinder benachteiligt. Die Arbeit wurde veröffentlicht, und Marion machte eine wissenschaftliche Karriere. Heute kann man ihre Beiträge in feministischen Handbüchern lesen, und sie stellt überrascht fest, dass sie eine nur für Insiderinnen verständliche, durch und durch verwissenschaftlichte und oberschichtspezifische Sprache verwendet.

Sylvia war in der Schule durch kluge und stilistisch perfekte Aufsätze aufgefallen. Sie hatte sich durch die Bibliothek der Klassiker und Moderne gelesen und tat nichts lieber als über Bücher zu reden. Sie schien wie geschaffen für ein Literaturstudium. Nach dem ersten Semester brachte sie in die Semesterferien zwar viele Bücher mit, las aber kaum welche davon. Häufig saß sie müde und verloren vor dem Berg aufgeschlagener Bücher. Sie klagte, dass sie kaum etwas verstehe in den Vorlesungen, obwohl sie von Büchern handelten, die sie mit Begeisterung gelesen hatte. Nach dem zweiten Semester erzählte sie nichts mehr von ihrem Studium und war auch sonst einsilbig. Im dritten Semester versuchte sie, sich mit einer Überdosis Schlaftabletten das Leben zu nehmen. Nach Psychotherapie und intensiver Studienberatung der Hochschule konnte sie ihr Studium wieder aufnehmen. Sie arbeitet heute als literarische Lektorin in einem großen Verlag.

Die Beispiele sind aus Untersuchungen über Hochschulsozialisation zusammengestellt. Es sind also keine Einzelfälle, sondern typisch für die Hochschule. Sie zeigen einen allgemeinen Trend: Was die spannendste und privilegierteste Tätigkeit der Welt sein könnte, wird zu einer Last, führt häufig zu seltsamen Verwandlungen oder macht gar depressiv. Warum?

Die Doppelfunktion von Wissenschaft

Meine These ist: Es liegt an der doppelten Funktion der Wissenschaft an den Hochschulen. Wissenschaft ist nicht nur Mittel zum Lösen spannender und wichtiger Probleme. Sie ist auch Mittel zum Aufstieg. Wer eine gute Ausbildung hat, gelangt mit größerer Wahrscheinlichkeit auf einen hoch dotierten Posten. In Deutschland ist das noch ausgeprägter als in manchen anderen Ländern.

An den Hochschulen ist die Wissenschaft nicht nur für die Studierenden das wichtigste Mittel zum Aufstieg. Auch die Professoren und Professorinnen nutzen die Wissenschaft zum weiteren Aufstieg, zum Gewinn von Reputation. Das ist ein aus der amerikanischen Hochschullandschaft übernommenes Wort für Prestige. Wissenschaftliche Veröffentlichungen, Kongressbeiträge, Berufungen in Kommissionen und Beiräte verschaffen Reputation. Es ist die spezifisch universitäre Form des Aufstiegs an Hochschulen.

Ich behaupte, die Aufstiegsfunktion bestimmt, was geforscht, was veröffentlicht, wie geschrieben, was gelehrt und was geprüft wird. Die Aufstiegsfunktion gerät nur zu leicht in Widerspruch zur Problemlösungsfunktion der Wissenschaft. Denn beide Seiten der Wissenschaft machen unterschiedliche und oft gegensätzliche

Verhaltensweisen erforderlich – und meistens gewinnt die Aufstiegsfunktion.

Von den Folgen der Aufstiegsfunktion

Kritiker dieses Buches behaupten, es gebe viele Studierende, die nicht studieren um aufzusteigen, sondern weil sie das Fach interessiert, und es gebe viele Lehrende, denen es nicht darum gehe, ihre Reputation im Kreis der Kolleginnen und Kollegen zu steigern. Angeblich lehren und forschen sie allein um der Sache willen. Das erfüllende Erlebnis sei angesagt, nicht mehr der Aufstieg.

Das mag sein. Ich habe so jemanden allerdings in 40 Jahren an der Hochschule nie getroffen. Alle, die ich kenne, einschließlich meiner eigenen Person, sind von der Doppelfunktion des Studiums und der Wissenschaft geprägt. Wir schauen auf Reputation und das Urteil anderer. Wir freuen uns, wenn wir zitiert oder zu Vorträgen und Kongressen eingeladen werden. Wir strengen uns an, mit unseren Veröffentlichungen in die berühmten Verlage und häufig zitierten Zeitschriften zu kommen. Wir bewerben uns um bessere Stellen und beobachten eifersüchtig den Aufstieg unserer Kollegen und Kolleginnen. Und selbstverständlich geht es uns dabei auch um die Sache.

Aber aus dem Widerspruch zwischen diesen beiden Funktionen, die immer gemeinsam und bei den einzelnen Personen in unterschiedlichem Mischungsverhältnis auftreten, kann man die meisten Probleme mit der an Hochschulen real existierenden Wissenschaft erklären.

Wissenschaft und Studium sind ein wichtiges Mittel auf dem Weg zu mehr Einkommen und höherem Prestige. Dies könnte theoretisch durchaus mit der problemlösenden Funktion der Wissenschaft harmonieren.

Doch will man aufsteigen, dann darf man sich nicht so mängelbehaftet darstellen, wie man als Mensch nun einmal unvermeidlich ist. Ich habe tatsächlich einmal in einer Prüfung gesagt, was ich sicher wusste und wo ich mir nicht ganz sicher war. Ich wäre beinahe durchgefallen, wo ich sonst immer mit Bravour bestanden hatte.

Bei der problemlösenden Funktion der Wissenschaft ist die »dumme« Frage, die kein Ehrgefühl kennt, eigentlich unverzichtbar. Wird Wissenschaft zum Aufstiegsmittel, ist die »dumme« Frage schädlich und zu vermeiden.

Hat man es geschafft, ist tatsächlich aufgestiegen, kennt die Tricks und Sprachspiele, beherrscht die Mathematik und den Schreibstil, dann muss man sich abgrenzen und absichern gegen die nachdrängende Konkurrenz. Diejenigen, die mit Hilfe der Wissenschaft oben angelangt sind, benutzen sie nun als Barriere.

Damit gerät die Aufstiegsfunktion in einen weiteren eklatanten Widerspruch zur Problemlösungsfunktion. Um Probleme zu lösen, müsste man klar und einfach formulieren, müsste man sich möglichst verständlich machen. Die Aufstiegsfunktion macht es erforderlich, höchstes Niveau und Exklusivität zu demonstrieren. Das erklärt, warum Wissenschaft in der gesellschaftlichen Praxis die Tendenz hat, unzugänglich, unverständlich zu sein. Als problemlösende Tätigkeit müsste sie sich öffnen. Als Aufstiegsmittel muss sie sich verschließen.

Dennoch schaffen es manche, sich Inhalte und Verhalten der höchsten Prestigeträger anzueignen. Diese können ihre exklusive Position dann nur noch halten, indem sie sich nicht nur hinter ihrer exklusiven und niveauvollen Sprache verbarrikadieren, sondern sie müssen sich immer wieder neue exklusive Inhalte, Zugänge, Methoden und Paradigmen ausdenken. Das erklärt, weshalb es in den meisten Wissenschaften nicht die ständig beschworene Kontinuität einer gemeinsam um Erkenntnis bemühten »scientific community« (die Gemeinschaft der Wissenschaftlerinnen und Wissenschaftler) gibt, die rein sachorientiert, einer auf den Schultern des anderen stehend, gemeinsam die Probleme der Welt immer besser löst.

Die in der Literatur immer wieder beschworene »scientific community« ist in Wirklichkeit keine Gemeinschaft, sondern ein Kampfplatz um Aufstieg, Prestige und Exklusivität. Die Leistungen der gleichgestellten Konkurrentinnen und Konkurrenten versucht man so weit wie irgend möglich zu ignorieren. An diejenigen, die weit über einem stehen, hängt man sich an, zitiert sie, bespricht und lobt sie und bildet eine Art Seilschaft mit ihnen und steigt zusammen mit ihnen auf.

Die Wissenschaftstheorie fordert, man solle sich bemühen, Theorien zu widerlegen. Die Aufstiegsfunktion legt das Gegenteil nahe. Mit den Theorien anderer beschäftigt man sich nur nebenbei. Sie zu widerlegen, bringt nur Ärger, kaum Prestige. Man muss sich eine Nische suchen, ein wenig bearbeitetes Thema, auf das man sich spezialisiert, sodass es alle Welt mit dem eigenen Namen verbindet – »Kindergewalt-Müller« oder »Bluff-Wagner« zum Beispiel. Die eigenen Arbeiten werden mit allen nur denkbaren Mitteln gegen eine mögliche Widerlegung abgesichert. Schwächen werden überbügelt, und Daten werden – ohne sie zu fälschen – von ihrer besten und schlüssigsten Seite präsentiert. Die Aufstiegsfunktion kann so zum zentralen Hindernis der Problemlösungsfunktion werden.

Die Beispiele im Licht der Doppelfunktion der Wissenschaft

Beim Medizinstudenten aus dem ersten Beispiel ist die Struktur des Studiums so sehr auf den Aufstieg gerichtet, dass die Problemlösungsfunktion immer mehr in den Hintergrund tritt. Schon das Aufnahmeritual mit Numerus clausus und ZVS betont den Elitecharakter und die Elitefunktion des Studiums. Danach führen Multiple-Choice-Klausuren, Formelwissen und Praxisferne weiter vom kranken, bedürftigen Menschen weg. Der Wettkampf zwischen den angehenden Doktoren um Praktikumsplätze, Praxisstellen und Ausgangspositionen für den Arzt im Praktikum verschärfen den Zwang zur Aufstiegsorientierung. Wer sich dabei die helfende Orientierung bewahrt, fällt im Konkurrenzkampf zurück und verliert an »Professionalität«.

Im zweiten Beispiel hat die Studentin in ihrer Diplomarbeit noch die problemlösende Funktion der Wissenschaft genutzt, um ihre eigene Geschichte zu verstehen. Als sie ihren weiteren Aufstieg in der Wissenschaftshierarchie organisieren wollte, wäre es hinderlich geworden, wenn sie die aufklärerische Sprache ihrer

Selbsterkenntnis beibehalten hätte. Dient die Wissenschaft als Aufstiegsmittel, ist Sprache ein entscheidendes Erkennungszeichen. Wer verständlich schreibt, Verben benutzt statt Substantive, wer Fremdwörter nur dort benutzt, wo sie als Fachtermini unverzichtbar sind, wer Beispiele anführt und den Stoff mit ihrer Hilfe durchsichtig macht, der oder die läuft Gefahr, dass solche Arbeiten schon allein deshalb als unwissenschaftlich gelten, weil sie nicht die notwendigen Signale der Zugehörigkeit zu einem exklusiven Kreis beinhalten.

Will jemand Professor oder Professorin werden, so ist immer noch wenig wesentlich, was die Studierenden von ihm oder ihr halten. Entscheidend ist, was andere Professoren und Professorinnen über seine oder ihre Texte und Vorträge denken. Und die meisten Professoren und Professorinnen fordern und fördern eine Sprache und ein Denken, das der aufklärerischen Funktion von Sprache und Wissenschaft widerspricht. Als Mittel der Reputation muss Wissenschaft exklusiv sein, muss höchstes Niveau zeigen, sich auf gleicher Ebene bewegen wie die besten und wichtigsten Veröffentlichungen zum gewählten Thema. Das zwingt in genau die ausschließende, nur für Insider bestimmte Sprache, unter der zum Beispiel Marion als Studentin gelitten hat. Die Wissenschaftssprache ist nur in zweiter Linie Mittel zur Kommunikation. In erster Linie ist sie geprägt von der Aufstiegsfunktion. Wer etwas gelten will in der Wissenschaft, muss schwer verständlich sein. Das trifft besonders für Deutschland zu.

In anderen Kulturen gibt es nach meiner Erfahrung andere Mittel der Exklusivität. Englische Wissenschaftler zum Beispiel müssen eine feine Ironie und umfassende Bildung zeigen. Französische Wissenschaftler glänzen dagegen durch überlegene Beherrschung der französischen Sprache und kunstvollen Satzbau. Auch das ist ein Wettkampf um Exklusivität, doch die Folgen sind in Deutschland ungleich ausgrenzender als in diesen Ländern.

Das dritte Beispiel zeigt einen besonders deprimierenden Sieg der Aufstiegsfunktion über die problemlösende Funktion der Wissenschaft: In den Literaturwissenschaften ist der Wettkampf um originelle, besonders exquisite Theorien und Interpretationen extrem ausgeprägt, weil es dort weniger klare Kriterien gibt, an denen Theorien scheitern können, als in den technischen und Naturwissenschaften. Darum konkurrieren in den Geistes- und Sozialwissenschaften viele unterschiedliche Schulen miteinander um Herrschaft und Aufmerksamkeit. Dabei werden sie in ihrem Streben nach Exklusivität und Dominanz für Studienanfänger immer unzugänglicher und einschüchternder.

Die Studentin unseres Beispiels hielt an ihrer Hoffnung auf problemlösende Wissenschaft fest und fand keinen Zugang zu den schicken, neuen Theorien. Sie fühlte sich in ihren Hoffnungen betrogen und in ihrer Person abgewertet. Schließlich schien ihr das Leben nicht mehr lebenswert, denn worauf sie gehofft und was ihr Glück versprochen hatte, wurde nicht eingelöst. Glücklicherweise hat sie überlebt, und es gelang ihr mit Hilfe einer Therapie, das Studium zu überstehen und einen befriedigenden Beruf zu ergreifen.

Der geheime Lehrplan der Hochschulen

Die so gelernte Akademikersprache ist nur ein Teil des Akademikerhabitus, des gesamten Auftretens und Gehabes, das die »erfolgreichen« Studierenden im Laufe eines Studiums erlernen und übernehmen. Typische »Akademiker« reden über jedes Thema – auch wenn es noch so banal ist – mit einer leicht gelangweilten Souveränität, als hätten sie dazu ganze Bibliotheken gelesen und die eigentliche Schwierigkeit bestünde darin, aus der ganzen Fülle des Wissens das Wichtige auszuwählen.

Das Erlernen dieser Sprache, dieser Fassade von Überlegenheit – egal bei welchem Thema – ist wohl der »heimliche Lehrplan« der deutschen Hochschulen. Dieser Ausdruck, »heimlicher Lehrplan«, bezeichnet die meist nicht bewussten Nebenfolgen zielgerichteter Handlungen, das, was Institutionen neben und in Konkurrenz zu ihrem eigentlichen, offiziellen Zweck bewirken. Der Strafvollzug hat als offiziellen Zweck die Resozialisierung. Doch weil Sauberkeit und Sicherheit im Zweifelsfall immer wichtiger sind, entsteht der heimliche Lehrplan »Schule der Kriminalität«.

Der offizielle Zweck der Hochschulen ist das Lösen schwieriger Probleme in Lehre und Forschung. Doch weil der Wunsch nach Aufstieg und Exklusivität die Kommunikation in Lehre und Forschung beherrschen, entsteht der heimliche Lehrplan »Überlegenheit« – der Akademikerhabitus. Dieser »heimliche Lehrplan« ist vermutlich viel wichtiger als die Ergebnisse des inhaltlichen Studiums.

Der Soziologe Michael Hartmann[15] hat für Deutschland gezeigt, was in England und Frankreich längst Allgemeinwissen ist, dass nämlich nicht die inhaltliche Leistung, etwa die gute Note in der Doktorarbeit, über den ultimativen Aufstieg in die Führungsetagen entscheidet, sondern die Herkunft aus dem richtigen Milieu. Dort wird schon früh das richtige Auftreten, die souveräne Lässigkeit eingeübt, die auch den Akademikerhabitus prägt. Denn beim Einstellungsgespräch, beim Aufbauen der alles entscheidenden »Beziehungen«, bei der ersten informellen Begegnung entscheidet diese »Chemie«, die unbewussten zum Habitus gewordenen Signale von Selbstsicherheit und Zuversicht.

· ·

15 Vgl. Michael Hartmann: Der Mythos von den Leistungseliten. Spitzenkarriere und soziale Herkunft in Wirtschaft, Politik, Justiz und Wissenschaft. Frankfurt am Main/New York 2002.

Die Hauptursache des Bluffs unter Studierenden: Die Angst vor dem »klugen Gesicht«

Zwischen bereits etablierten Wissenschaftlerinnen und Wissenschaftlern sind nach meinen Beobachtungen der Bluff im Sinne einer völligen Vorspiegelung von eigentlich nicht vorhandenen bedeutsamen Inhalten oder das vollständige Plagiat eher die seltene Ausnahme. Bei Studierenden kommt der Bluff jedoch verstärkt vor – und dank des Internets auch immer häufiger und raffinierter – sowohl gegenüber den Lehrenden wie auch zwischen den Studierenden. Unter Studierenden ist der Bluff also ein ganz anderes und schwerwiegenderes Problem als unter den Lehrenden. Schwerwiegend ist es vor allem deshalb, weil das Plagiat oder die komplett vorgetäuschte Leistung das inhaltliche Lernen nicht nur bei denen verhindert, die diesen Bluff ausüben, sondern auch bei den anderen greift, die meinen, den damit weiter ins Unerreichbare gesteigerten Leistungsanforderungen gerecht werden zu müssen.

Der Grund für die Entstehung dieser brutalen Form des Bluffs im Unterschied zu der subtileren zwischen den Lehrenden liegt im Verhältnis der Studierenden zueinander. Die erste Sitzung eines Seminars im Semester ist dafür ein gutes Beispiel.

Sie kommen in einen Raum voller fremder Gesichter. Die schauen Sie an, während Sie sich wie selbstverständlich dazwischensetzen (wenn noch ein Platz frei ist bei dem Gedränge). Sitzen Sie erst mal, dann schauen Sie sich ebenfalls die Gesichter derer an, die reinkommen, und Sie beobachten diejenigen, die schon dasitzen. Und es beeindruckt Sie, wie selbstbewusst und locker die anderen aussehen. Auf den Gedanken, dass es denen genauso gehen könnte wie Ihnen, kommen Sie gar nicht. Denn Sie merken ja nichts von dem Eindruck, den Sie selbst nach außen machen. Sie spüren nur Ihre eigene Unsicherheit. Dieses Beeindrucktsein ist der

Moment, in dem Sie die Uni-Angst anspringt. Sie sehen nicht anders aus als die anderen, und doch sind Sie für die und die für Sie »das kluge Gesicht«. Ein Gesicht, das seine Angst nicht zeigt, sondern diese durch betont selbstverständliches, lockeres und sicheres Auftreten überspielt. Es wird sofort zur Projektionsleinwand für all die unbestimmten Anforderungen und Erwartungen, die wir alle in unserer Lebensgeschichte angesammelt haben. Alle Bereiche, in denen Sie je das Gefühl hatten, versagt zu haben oder irgendwelchen wirklichen oder vermuteten Anforderungen nicht gerecht geworden zu sein, können Sie jetzt als Forderung von den »klugen Gesichtern« der anderen ablesen. Denn die sehen so aus, als könnten sie all dies ohne Probleme leisten, worin Sie zu versagen meinen. Sie erleben dann die anderen als lebendigen Beweis für die Richtigkeit und Gültigkeit dieser Anforderungen.

Ist diese Projektion einmal gelaufen, dann hat sich die Situation entscheidend verändert. Jetzt sind diese Anforderungen nämlich nicht mehr etwas Eigenes, dessen Geschichte – und damit auch dessen Fragwürdigkeit – man auf die Spur kommen könnte, sondern sie sind etwas Verselbständigtes, Fremdes und Mächtiges geworden. Jetzt erscheinen sie als Erwartungen der anderen, scheinbar als objektivierte Anforderungen des Systems Hochschule. All das passiert noch bevor die »klugen Gesichter« angefangen haben zu reden.

Von außen gesehen hat sich eigentlich noch überhaupt nichts ereignet. Studentinnen und Studenten sind in einen Seminarraum gegangen und warten auf den Dozenten oder die Dozentin. Und trotzdem ist das Entscheidende schon gelaufen.

Der Einstieg im ersten Semester

Diese Erfahrung ist besonders extrem im ersten Semester: Weil Erstsemester in der fremden Welt als gleichwertig akzeptiert sein wollen und vieles noch nicht wissen können, sind sie besonders bemüht, sich anzupassen, und neigen in den ersten Sitzungen der Veranstaltungen noch stärker zu Projektionen als die alten Hasen in höheren Semestern. Das wird dadurch verstärkt, dass in vielen Bereichen nach einer Einführungswoche, in der noch auf die Bedürfnisse der Erstsemester eingegangen wird, der Normalbetrieb in voller Brutalität einsetzt und auf den Anfängerstatus der Erstsemester meist überhaupt keine Rücksicht mehr genommen wird. Die Erstsemester strengen sich folglich an, wie »normale« Studierende zu wirken: Dazu müssten sie die Wissenschaftssprache mit ihren unzähligen Fremdwörtern und feststehenden Redewendungen und dieses vorsichtig-skeptische Über-alles-reden-können beherrschen. Dies zu erlernen hatten sie aber noch keine Gelegenheit. Also tun sie so, als ob sie es könnten. Und dieses Als-ob ist der Beginn des studentischen Uni-Bluffs.

Dieser wirkt wie ein Katalysator und verwandelt die Schüler und Schülerinnen innerhalb kürzerster Zeit in Studentinnen und Studenten, ohne sich selbst zu verbrauchen – im Gegenteil, er wird immer stärker und kräftiger und umfangreicher dabei. Die meisten anderen Studierenden der höheren Semester und viele Lehrende behandeln die Erstsemester nämlich so, als müssten sie das schon gelesen und verstanden haben, was sie selbst in all den Jahren nach und nach gelesen und verstanden haben. Sie werden darin durch das scheinbar sichere Auftreten der meisten Erstsemester, ihren Bluff, bestärkt und steigern damit selbst wieder die Notwendigkeit zum Bluffen.

In der Anpassung an die im »klugen Gesicht« wahrgenommenen einschüchternden Anforderungen gelingt es den wagemutigeren Studierenden diese durch imitierendes und übertriebenes Imponiergehabe scheinbar zu erfüllen. Sie haben statt Inhalten Verhaltensweisen gelernt und verstärken damit wieder den Druck auf die weniger Wagemutigen.

So ins Extreme gesteigert, geht das Positive der Anpassung an eine neue Institution verloren und verkehrt sich tendenziell in sein Gegenteil. Was zum Lösen spannender Probleme und zum Erlernen einer neuen Denkweise ermuntern könnte, droht zur leeren Fassade, zu einer Verhaltensattitüde zu werden, die die Kommunikation stören kann, die Neugier verhindert und die Fähigkeit zum Erlernen neuer Denkweisen blockiert.

Die Förderung des studentischen Bluffs durch die Lehrenden

Wer schon im ersten Semester die universitäre Sprache beherrscht und sich differenziert und gewandt auszudrücken weiß, den Eindruck erweckt, er verfüge über das, was Lehrende für »Allgemeinbildung« halten, fällt angenehm auf. Die Professoren meinen, in diesen jungen Talenten sich selbst als junge Menschen wiederzuerkennen. Sie erinnern sich in der Regel nicht, wie lange sie selbst brauchten, um sicher und stabil zu werden, und dass auch sie solche Leistungen als Studienanfänger nur durch Bluffen erbringen konnten. So bestärken sie mit ihrer anerkennenden Aufmerksamkeit das studentische Bluff-Verhalten, die zuerst scheinbare und mit den Jahren inhaltlich immer besser gelingende Anpassung an die Anforderungen des wissenschaftlichen Diskurses.

Wer in den wichtigen Journalen publizieren will, muss diese Sprache wie selbstverständlich, als zweite Natur sozusagen, beherrschen, die vordergründig zwar einen Inhalt mitteilt, die aber gleichzeitig ausdrückt: Hier bin ich souverän, hier kann mir keiner was! Wissen wird nicht mehr mit dem einzig sinnvollen Ziel dargestellt, sich verständlich zu machen und sich mit anderen über den Inhalt auseinanderzusetzen. Stattdessen wird die Herrschaft über den Stoff als Mittel eingesetzt, um Herrschaft in der Kommunikation auszuüben.

Diese subtile, professorale Form des Uni-Bluffs hat ihren Ursprung in der brutaleren studentischen Form des Bluffs, in der die Beherrschung des Stoffs nur vorgespielt wird. Erst wenn dieser Bluff in Plagiat umschlägt, werden die Lehrenden sauer und setzen Sanktionen ein. Alle Vorformen dagegen gelten als Erlernen des akademischen Diskurses und werden bestärkt.

Die Dozenten und Dozentinnen haben diese Sprache während ihres eigenen Studiums und dann für ihre wissenschaftliche Karriere so gründlich lernen müssen, dass sie für sie meist zur völlig unbewussten Gewohnheit geworden ist. Sie benutzen sie auch gegenüber Erstsemestern und setzen damit für alle Studierenden Maßstäbe, die diese nur noch bewältigen können, wenn sie so tun, als ob auch sie Bescheid wüssten und den gleichen Durchblick hätten. Aus Angst vor der Blamage wird bei ihnen die bloß überschüssige, aber inhaltlich fundierte Kommunikationsform der Lehrenden zum echten Bluff: Es wird so getan, als ob man die unerfüllbaren Leistungserwartungen bereits erfüllt hätte.

Am Anfang ist es wie das Gehen auf dem ersten Eis im Winter, wenn man ausprobiert, ob es trägt. Jedes bedenkliche Augenbrauenzucken des Gesprächspartners ist wie ein Knacken im Eis. Schnell zuckt man zurück ins Gesicherte, ins Allgemeine, Unbestimmte, Vorsichtige. Doch mit der Zeit wird man sicherer. Der Bluff gelingt immer besser. Das akademische Verhalten bildet sich wie von selbst heraus und wird perfektioniert.

Wie wird man Professor?

Dafür sorgt der Mechanismus, mit dem die Hochschule ihren eigenen Nachwuchs auswählt. Die Frage ist also, welche Kriterien erfüllt sein müssen, dass jemand Professor oder Professorin wird. Darüber gibt es eine Unzahl von Untersuchungen und Veröffentlichungen. Doch letztlich läuft alles darauf hinaus: Man wird Professor, indem man anderen Professoren gefällt. Das ist auch institutionell klar. Denn niemand außer Professoren und Professorinnen wirkt an den Prüfungen, die zu bestehen Voraussetzung für das Amt ist, und an der Auswahl der Kandidatinnen und Kandidaten mit. Und weil bisher mehr Männer als Frauen Professorenstellen innehaben, sind die Chancen für Männer immer noch deutlich besser, denn bei der Wahrnehmung und Bewertung von Leistungen ist der professorale Blick sehr durch die verklärende Selbstwahrnehmung geprägt.

Die Frage »Wie wird man Professor?« verwandelt sich also in die Frage: Wie schafft man es, anderen Professoren und Professorinnen zu gefallen? Die Antwort auf diese Frage hängt eng mit der Selbstwahrnehmung derjenigen zusammen, die in professoralen Gremien das Sagen haben. Nach meinen Erfahrungen in 40 Jahren Hochschule neigen solche erfolgsgewohnten Menschen zu einem elitären Blick auch auf sich selbst und ihre Vergangenheit. Die Geschichten von früher, die Reflexion der eigenen Biografie, lassen keinen Zweifel daran, dass der, der da spricht, berufen war, der zu werden, als der er nun spricht. Im Rückblick wird das, was meist durch allerlei glückliche Umstände erst möglich wurde, zum zwangsläufigen Ergebnis der eigenen Großartigkeit. Das Resultat ist ein elitärer Blick auf den potentiellen Nachwuchs, auf die, die professoral sein könnten. Da wird scharf unterschieden zwischen den Wenigen, die so sind, wie der Professor selbst meint, gewesen zu sein, und den Vielen, die dem nicht einmal nahe kommen. Und so werden die mühsam erworbene eigene elitäre universitäre Sprache und der akademische Habitus unversehens zur Voraussetzung, um vom elitären Blick überhaupt wahrgenommen zu werden. Damit entwickelt sich aber die studentische Bluff-Fassade unter Aufstiegsgesichtspunkten zur rationalen Strategie.

Seit ich die Hochschule kenne, begleitet mich das Jammern der Kollegen und Kolleginnen darüber, wie viel schlechter die jetzigen Studierenden doch seien als die von früher. Es könnte durchaus sein, dass dies mit der mit der Zeit wachsenden Verklärung der eigenen studentischen Vergangenheit zu tun hat. Auch das trägt dazu bei, dass die Erwartungen der Lehrenden an die Studierenden zunehmend unrealistisch und nur noch per studentischem Bluff zu erfüllen sind.

Diese Unterscheidung von Elite und Masse machte aus den deutschen Hochschulen bereits Massenhochschulen, lange bevor es das Wort überhaupt gab. Denn die Gleichgültigkeit und Verachtung, mit der die Nicht-Elite betrachtet wird, verwandelt sie von vornherein in eine bürokratisch abzufertigende Masse, ganz gleich, wie groß oder klein deren Zahl auch sein mag.

Die Rettung als Problemverstärker

Im Augenblick der angstmachenden Situation hilft der Uni-Bluff zwar durchaus als Angstabwehr. Er hilft, die Situation zu überstehen. Gleichzeitig bestätigt und verstärkt er genau das, was die angstmachende Situation erst erzeugt: die überzogenen Leistungsansprüche und die Kommunikationsform, die nicht mitteilen will, sondern vor allem Überlegenheit und Herrschaft signalisiert. Das, was Rettung verspricht, verstärkt so das Problem. Angst und Angstabwehr schaukeln sich hoch bis zu dem Punkt, wo man entweder nur noch fliehen kann – in Arbeitsstörungen, in den Fachwechsel oder Studienabbruch, in Depression oder Schlimmeres. Oder aber man lernt den Uni-Bluff bis zur Perfektion und verinnerlicht die Verhaltensstrategien der Angstabwehr so sehr, dass sie wie ein selbstverständlicher Teil der eigenen Persönlichkeit erscheinen: Man ist zum Akademiker oder zur Akademikerin geworden!

Doch das gelingt keineswegs immer und allen. Alle Gruppen, die bereits mit einem problematischen Verhältnis zur Sprache an die Hochschulen kommen, müssen unter dieser Schlüsselfunktion der Sprache leiden. Dazu gehören vor allem Ausländerinnen und Ausländer, für die zu dem allgemeinen Kulturschock noch der besondere Schock hinzukommt, ganz und gar nach genau dem Medium, und zwar dem der Sprache, beurteilt zu werden, in dem sie besonders unsicher sind. Es trifft auch Menschen, die in einem nicht-akademischen sprachlichen Umfeld aufgewachsen sind, wo zu Hause nicht über philosophische und literarische und musische Themen geredet wurde, wo sich die Allgemeinbildung auf das beschränkt, was in der Schule vermittelt worden ist. Und es trifft diejenigen, die mit sprachlicher Kommunikation sowieso schon Schwierigkeiten haben, aus welchen Gründen auch immer, und sich besser in Zahlen und Formeln ausdrücken.

Gerade weil Sprache zwischen Intellektuellen so sehr in den Mittelpunkt der Beziehung rückt, dass sie manchmal alle anderen Aspekte auszulöschen droht, macht die Diskrepanz zwischen den wahrgenommenen sprachlichen Anforderungen und den eigenen sprachlichen Fähigkeiten das Leben für diese Menschen an Hochschulen besonders schwer. Dabei gibt es jedoch – glücklicherweise – große Unterschiede zwischen den Fächern.

Die Rolle der unterschiedlichen Fachkulturen

Der Uni-Bluff ist keineswegs einheitlich. Er äußert sich von Fach zu Fach verschieden. Wenn man sich die Spitzenveröffentlichungen der einzelnen Fächer anschaut, werden die Unterschiede besonders deutlich. Sie unterscheiden sich – wen wundert es? – in erster Linie nach der Rolle der Sprache und in zweiter Linie nach dem Grad des Konsenses über die Richtigkeit ihrer Inhalte.

Diese Dimension will ich den Grad der Bestimmtheit oder Anomie nennen. Mathematik oder Maschinenbau sind Fächer mit einem sehr hohen Grad von Bestimmtheit. Philosophie und Germanistik dagegen solche mit einem hohen Grad von Anomie, d. h. Unbestimmtheit, ohne feste Regeln. In Bezug auf den Bluff gibt es dabei einen einfachen Grundsatz: Je dominanter die Rolle der Sprache in einem Fach, desto geringer ist der Grad der Bestimmtheit des Faches, desto größer also der Grad der Anomie und desto größer die Möglichkeiten zum Bluff.

Künstlerische Fächer nehmen hier eine Sonderstellung ein. Zwar ist in vielen von ihnen Sprache ein wichtiges Mittel zur Rechtfertigung des schöpferischen Entwurfs, sodass sich hier viel Spielraum für Bluff eröffnet. Auch sind die Kriterien dafür, was als besonders gelungen gilt, oft weder ausformuliert noch ausformulierbar, doch trotzdem sind sich die meisten Angehörigen eines Faches ziemlich einig in ihrem Urteil, was »gut« und was »schlecht« ist. Die Fächer sind also anomisch bei gleichzeitig oft messerscharfer Bestimmtheit.

»Anomie« kommt aus dem Griechischen und bedeutet »ohne Gesetz, ohne Regeln«. In der Soziologie bezeichnet das Wort eine Situation, in der Menschen unter Druck stehen, es »richtig« machen zu wollen, aber nicht wissen, was »richtig« ist, oder erleben müssen, wie sich das, was als »richtig« erklärt worden ist, ständig ändert. Solche unklaren und wechselnden Anforderungen bei hohem Druck sind ein raffiniertes Folterinstrument. Damit kann man Menschen in den Wahnsinn oder zum Selbstmord treiben. Jedenfalls erzeugen solche Situationen heftigen Stress. Sie bringen die Betroffenen dazu, sich in einen unklaren Schwebezustand zu versetzen, um sich so wenig wie möglich festzulegen, in der Hoffnung, damit irgendwie doch noch den widersprüchlichen Anforderungen gerecht zu werden.

Die Gefühle, die ich am Anfang meines Studiums empfand, mein »Blindflug«, orientiert an der billigenden oder missbilligenden Mimik der Dozenten und Vielredner, meine Angstzustände und Selbstzweifel waren typisch für einen anomischen Zustand. Ich studierte damals Germanistik, Anglistik und Philosophie. Ich wechselte in die Politische Wissenschaft, aber auch dort sind trotz klarerer Studienstrukturen die inhaltlichen Anforderungen der Professoren sehr unterschiedlich, manchmal gegensätzlich. So setzte sich der anomische Zustand fort. Dort perfektionierte ich meine Schwebesprache: kompliziert, verschachtelt, gespickt mit großen Worten und Namen, unklar in der Aussage, relativierend und vage formuliert. Ich nahm die Körpersprache eines bedrückten, tief nachdenklichen, leicht zynischen Intellektuellen an. Als ich dann als wissenschaftlicher Assistent in meinen Lehrveranstaltungen selbst die Regeln setzen durfte, trug ich meinen Teil zur Anomie des Faches bei.

In Fächern mit geringer Anomie und hoher Bestimmtheit und entsprechend geringer Bedeutung der Sprache, wie Medizin, Mathematik, allgemein Naturwissenschaften, und technischen Fächern, ist die Situation geradezu spiegelverkehrt. Im Studium, besonders in den unteren Semestern, ist alles bis ins Detail eindeutig festgelegt und vorhersehbar. Dort ist nicht Anomie, sondern fachlich-sachliche Überforderung das Problem. Ein durchaus erfolgreicher Studierender der Mathematik berichtete, die Ausbildung sei »nicht hart, nicht schwierig, sie sei schlichtweg brutal, aber solide, gründlich und intensiv« gewesen. Wenn überhaupt, gebe es die überschüssige Selbstdarstellung, den Bluff, nur in den höheren Gefilden, wenn es um Publikationen und Stellen gehe.

Allerdings scheinen diese Fächer manchmal ihre Komplexität selbst zu einer überschüssigen Selbstdarstellung und Exklusivität, also zu einem fachspezifischen Bluff, zu nutzen. Die Geheimsprache der Medizin ist allgemein bekannt und berüchtigt. Auch die Mathematik und Ingenieurwissenschaften adeln diejenigen, die noch mit den schwierigsten und kniffligsten Problemen zurechtkommen. Doch das ist das geringere und leichter zu bewältigende Problem im Vergleich zum Chaos und der liberalen Gleichgültigkeit in den Geistes- und Sozialwissenschaften.

74

In den meisten dieser Fächer gibt es wegen der Umstellung auf die Modularisierung inzwischen detaillierte Studienpläne, die festlegen, wie viele Prüfungen abzulegen sind und welche Veranstaltungen besucht werden müssen. Und doch herrscht in den anomischen Fächern durchaus Unsicherheit, ob die dort erworbenen Kenntnisse für die Prüfungen ausreichen.

Was die Institution tatsächlich fordert, ist meist trotz aller Studienpläne ungewiss, insbesondere in den anomischen Fächern, in denen die prüfungsberechtigten Personen jeweils ganz andere und zum Teil gegensätzliche Vorstellungen davon haben, was im Fach »richtig« und was »falsch« ist. Die Prüfungsanforderungen sind in solchen Fächern meist eine Ansammlung der Spezialgebiete der im Fach beschäftigten Professoren und Professorinnen und stellen nur ausnahmsweise einen Überblick über den gesamten Stoff des Faches dar.

Insbesondere in den Geistes- und Sozialwissenschaften, aber auch zunehmend in den Wirtschaftswissenschaften, bietet das Studium daher immer weniger Möglichkeiten, soziale Unsicherheiten durch sachliche Orientierung und Erfolgserlebnisse zu überwinden. Sie liefern kaum zuverlässige und durchgängige Kriterien dafür, was »richtig« und was »falsch« ist, ob etwas gelungen ist und ob man inhaltliche Fortschritte macht.

In den Befragungen der Konstanzer Forschungsgruppe um Tino Bargel beklagen seit Beginn der Befragungen 1983 über 50 % der Studierenden an Universitäten und Fachhochschulen, dass sie »einige und große« Schwierigkeiten hätten, sich »effizient auf Prüfungen vorzubereiten«, und über ein Drittel gab an, dass ihnen »nie« erläutert wurde, warum sie in ihren »Tests, Klausuren oder Hausarbeiten« gut oder schlecht abgeschnitten hätten.[16]

Die Institution Universität macht in solchen Fächern also nur ansatzweise klar, was man leisten muss, um in ihr zu bestehen. Das Chaos und die liberale Gleichgültigkeit, Kennzeichen besonders der Massenfächer (wiewohl nicht nur dort anzutreffen), erzeugen

. . . .

16   Vgl. ebenda. Tabellen 76a und 84.

einen Zustand der Regel- und Orientierungslosigkeit, der auch belastbare Menschen an ihre Grenzen führt. Da passt die Universität oft wie ein Schlüssel ins Schloss der lebensgeschichtlichen Beschädigungen und kann schwere psychische Krisen auslösen.

Eine weitere Dimension der Unterschiede in den Fachkulturen ist die Größe des Faches, die Anzahl der dort und an einer Hochschule insgesamt lehrenden und studierenden Personen. In den Massenfächern kommt nämlich zu den stofflichen Unklarheiten noch das Problem der Anonymität hinzu.

Das Gefühl der Anonymität wird jedoch nicht nur durch mangelnden Kontakt zu den Mitstudenten erzeugt. Anonymität an Hochschulen ist von der Arbeitsgruppe Hochschulforschung beschrieben worden als das Leiden unter mangelnden Kontakten zu den Lehrenden, das Gefühl, als Person nicht wahrgenommen und wertgeschätzt zu werden, dass nur die Leistung zählt und es niemandem auffallen würde, wenn man eine Woche wegbliebe. Anonymität zwingt die Betroffenen, sich ganz allein der einschüchternden Wissenschaftssprache zu stellen. Anonymität untergräbt die Studienmotivation und führt zu einer erhöhten Wahrscheinlichkeit des Fachwechsels oder des Studienabbruchs. Das Fazit der Forscher: »Kontakte zu Lehrenden dienen der Einbindung in das Studium, sie stärken die Motivation für das Fach und bauen Anonymitätsempfindungen ab. Ihr geringer Umfang wurde schon in den 50er Jahren als besonderes Problem der deutschen Universität eingestuft. Mit der Expansion der Zahl Studierender seit den 70er Jahren hat sich die Problematik an vielen Hochschulen verschärft (Stichwort Überfüllung). Für die allermeisten Studierenden bleibt die ›Gemeinschaft der Lehrenden und Lernenden‹ eine bloße Idee oder Illusion. Häufigere Kontakte zwischen Studierenden und Lehrenden kommen alles in allem sehr selten vor.«[17]

· ·

17 Bargel, Multrus, Ramm: 9. Studierendensurvey. S. 27.

Wer hat die Macht an den deutschen Hochschulen?

Als Rektor einer Hochschule habe ich unmittelbar erlebt, wer die Macht an einer deutschen Hochschule hat. Ich hatte sie nicht, das Ministerium auch nicht.

Es waren die Professorinnen und Professoren, die an deutschen Hochschulen die Macht hatten und zur Zeit noch haben. Das ist das Problem. Dennoch gibt es erstaunlich viele Kolleginnen und Kollegen, die sich in der Lehre engagieren, um den Studierenden optimale Lernprozesse zu ermöglichen, und dabei leisten sie viel und hervorragende Arbeit. Allerdings geschieht das trotz und nicht wegen des Systems. Das ist für mich der springende Punkt. Ich will nicht die tatsächlich erbrachte Arbeit der Mehrheit der deutschen Professorinnen und Professoren diskreditieren oder bewerten. Ich will die Logik des Systems der deutschen Hochschulen herausarbeiten und zeigen, dass dieses System mit Notwendigkeit zu Fehlfunktionen der Lehre und zu Fehlentwicklungen bei den Lernprozessen der Studierenden treibt.

Eine entscheidende Voraussetzung für das Funktionieren des Systems ist die völlige Unanfechtbarkeit der deutschen Professorenschaft. Gegen sie läuft überhaupt nichts in Lehre und Forschung. Sie sind auf Lebenszeit beamtet oder angestellt. Nur wenn sie so krank werden, dass sie vorzeitig in Rente oder Pension gehen müssen oder wenn sie schwerwiegende Straftaten begehen, können sie aus der Hochschule entfernt werden. Noch so schlechte Leistung, völliges Versagen in Forschung und Lehre, eine katastrophale oder nicht vorhandene Betreuung der Studierenden, völlige Verweigerung in der Verwaltung, schlecht oder gar nicht vorbereitete Lehrveranstaltungen, die häufig ausfallen, all das – und ich habe als Rektor all dies erlebt – bleibt folgenlos. Es gibt gegen schlechte und faule Professoren praktisch keine wirksamen Sanktionen. Sie sind durch die grundgesetzlich garantierte Freiheit von »Kunst und

Wissenschaft, Lehre und Forschung«[18] unmöglich gemacht. Sie darf nur durch Beschlüsse von Gremien angetastet werden, in denen die Professorinnen und Professoren die Mehrheit haben. Und solche Beschlüsse dürfen nicht in die Freiheit des einzelnen Professors oder der einzelnen Professorin eingreifen, ihre jeweilige Lehrmeinung zu vertreten oder ihrem Forschungsinteresse zu folgen. Professorinnen und Professoren sind absolut privilegiert. Ihnen kann keiner etwas anhaben.

Ursache der jahrzehntelangen Stagnation innerhalb der deutschen Hochschullandschaft ist diese innere Struktur der Hochschulen. Aufgrund der Stellung der Professoren sind Hochschulen ganz eigene Gebilde, ganz anders als etwa Behörden oder Unternehmen, wo die Leitung Anweisungen geben und dafür sorgen kann, dass alle Beteiligten auf ein einheitliches Ziel hinarbeiten. Diese völlige Andersartigkeit der deutschen Hochschulen liegt an der Kombination von

- staatlich garantiertem Budget der Hochschulen, das bis vor kurzem unabhängig von irgendwelchen Erfolgskriterien war,
- unkündbarer Lebenszeitstellung,
- der Freiheit von Lehre und Forschung.

Diese drei Aspekte geben der Professorenschaft einen Grad von Unabhängigkeit und Immunität gegen Sanktionen, der die Hochschulen zu einem kaum steuerbaren Konglomerat von nur sich selbst verantwortlichen Souveränen macht. Die Hochschule ist somit vergleichbar einer Ansammlung von Stämmen, in denen es nur Häuptlinge und keine einfachen Angehörigen gibt. Steuerung funktioniert nicht durch Anweisung und klar vorgegebene Ziele, sondern wie in einem Staatenbund souveräner Häuptlinge nur durch langwierige diplomatische Verhandlungen, Bestechungsmanöver, gemeinsame Feinde oder – das schwierigste Mittel – durch Überzeugen und Motivation.

Diese seltsame Struktur der Institution hat ihre historischen Gründe.

· ·

18   Art. 5, Abs. 3, Satz 1 Grundgesetz.

Die Übereignung der deutschen Hochschulen an die Professorenschaft

Das Wort Universität stammt aus der im Mittelalter üblichen lateinischen Bezeichnung »universitas magistrorum et scholarium«. Das lateinische Wort »universitas« hat nichts, wie vermutet, mit Universalität, dem Allumfassenden, zu tun. Es bedeutet schlicht Gesamtheit der Lehrenden und Lernenden und bezeichnete den Zusammenschluss der Professoren und Studenten zu einer Art Zunft. Das war notwendig, weil es anfangs an Universitäten keine gemeinsamen Räume gab oder gar einen Campus. Die Professoren lehrten in von ihnen selbst angemieteten Stuben, Wirtshäusern, Klosterräumen oder auf Plätzen und Straßen. Die »universitas« bezeichnete also die regelmäßigen Treffen der Angehörigen der Hochschule zur Regelung ihrer Angelegenheiten. In Bologna, der ältesten Universität Europas, hatten Professoren und Studenten je eine Stimme und entschieden mit einfacher Mehrheit.

Schon damals hatte die Universität die Doppelfunktion, eine inhaltliche Ausbildung zu liefern und gleichzeitig den Aufstieg zu organisieren. Ein Magister, so hießen die damaligen Professoren, war mit seinem Doktortitel dem Adel gleichgestellt, welcher Herkunft auch immer der Titelträger von Geburt war. Für den niederen Adel bedeutete der Titel eine wesentliche Aufwertung. Diese Aufstiegsfunktion der Universität wurde umfangreich genutzt und war vermutlich ein wesentlicher Grund für die Blüte der mittelalterlichen Universitäten.

Die Fürsten, denen die Universitäten unterstellt waren, kümmerten sich seit Mitte des 18. Jahrhunderts jedoch immer weniger um deren Qualität, steckten ihr Geld in Heere, Kriege und repräsentative Bauten und ließen die Universitäten verkommen. Sie taugten nicht mehr in ihrer Problemlösungsfunktion und verloren ihren Ruf und damit auch ihre Aufstiegsfunktion. Ende des 18. Jahrhunderts schrieben sich zum Beispiel an der Universität Erfurt immer weniger junge Leute ein, sodass es bald mehr Professoren als Studenten gab und die Universität 1816 wegen Studentenmangels geschlossen werden musste.

Auf diese Krise der Universitäten reagierte Wilhelm von Humboldt Anfang des 19. Jahrhunderts im daniederliegenden Preußen mit seiner radikalen Reform. Er nahm den Fürsten die Universität weg und übereignete sie der Professorenschaft. Die Wissenschaft sollte keinen interessegeleiteten, fremden Zwecken, sondern allein der Wissenschaft dienen. Und was Wissenschaft ist, das sollten die Professoren bestimmen. Der richtige Gedanke dabei war, dass neue nützliche Ergebnisse in der Wissenschaft erst aus einer zweckfreien Grundlagenforschung entstehen, der man ihren möglichen späteren Nutzen nicht ansieht. So forscht die Physik nach den Grundlagen dessen, was die Welt zusammenhält, ohne dabei auf praktische Anwendbarkeit zu schauen. Dass dabei die Lasertechnologie als Abfallprodukt entstanden ist, mit all ihren nutzbringenden und schädlichen Folgen, konnte niemand wissen, genauso wenig wie es vorherzusehen war, dass aus den abstrakten Formeln Einsteins einmal die Atomtechnologie entwickelt würde. Wissenschaft muss also frei sein, wenn sie sich entfalten können soll. Diese Reformen stellten tatsächlich die wissenschaftliche Qualität der deutschen Hochschulen wieder her, weil nun die Professoren begannen, miteinander um möglichst eindrucksvolle Forschungsergebnisse zu konkurrieren.

Gegründet und finanziert wurden die Universitäten in Deutschland weiterhin von den Fürstenhäusern, also vom Staat. So wurden die Professoren zu staatlichen Beamten und blieben es bis heute: unkündbare Beamte auf Lebenszeit mit einem guten Gehalt, vergleichbar dem in der höchsten Verwaltungslaufbahn oder bei hohen Gerichten, einem Gehalt, das bis vor kurzem unabhängig von der Leistung mit dem Dienstalter stetig stieg.

Mit ihrem guten Ruf trat an den deutschen Universitäten wieder die Aufstiegsfunktion in den Vordergrund. Doch ein weiterer laufbahnrechtlicher Aufstieg für Professoren war nicht möglich. Mehr Gehalt war nicht zu erzielen. Daraufhin verlegten die deutschen Professoren ihren Ehrgeiz auf symbolischen Aufstieg, auf die immer höhere Reputation. Sie wollten Weltruhm erreichen und erreichten ihn in vielen Fällen. Forschung und Lehre wurden immer abgehobener, immer schwerer nachvollziehbar, und produzierten mit dieser überschießenden, aufstiegsorientierten Abstraktion und Praxisferne den Bluff. Der passte perfekt zu den Aufstiegsbedürfnissen einer neuen bürgerlichen Akademikerschicht, die der Arroganz des preußischen Adels ihr akademisches und kulturelles »Niveau« entgegensetzte.

Um die 70er Jahre des 19. Jahrhunderts sah sich die deutsche Politik wegen der wachsenden unkontrollierbaren Praxisferne der deutschen Universitäten veranlasst, für die Praxisbedürfnisse der deutschen Industrie eigene Hochschulen, die Technischen Hochschulen, zu gründen. Doch die hatten nichts Besseres zu tun, als die Universitäten nachzuahmen und sich auf den Weg zum gleichen Abstraktionsniveau zu machen. Anfang des 20. Jahrhunderts erhielten sie denn auch gegen den heftigen Protest der Universitäten Habilitationsrecht, konnten also ihre eigenen Professoren ausbilden. Bald danach änderten die meisten von ihnen ihre Bezeichnung in »Technische Universität«, bauten zusätzlich geistes- und sozialwissenschaftliche Fakultäten auf und zeigten damit, dass sie hinter den Universitäten in nichts zurückstehen wollten.

Die Lücke zwischen universitärer Theorie und wirtschaftsnahen Praxisbedürfnissen war danach wieder genauso groß wie damals, als die Technischen Hochschulen gegründet worden waren. In dieser Situation wurden in den 70er Jahren des 20. Jahrhunderts, 100 Jahre nach Gründung der Technischen Hochschulen, die Fachhochschulen gegründet.

Aber auch die hatten nichts Besseres zu tun, als die Universitäten nachzuahmen. Auch sie sind gerade dabei, ihre Namen zu ändern und sich so universitär wie irgend möglich zu geben.

In die dadurch schon wieder entstehende Kluft zwischen Praxisanforderungen und Leistungen der Hochschulen wurden dann in den 1980er Jahren die Berufsakademien gegründet. Aber auch sie haben gegenwärtig nichts Besseres zu tun, als sich auf den Weg zu machen …

Die nun sehr differenzierte Hochschullandschaft – es kommen noch die pädagogischen Hochschulen und die Kunst- und Musikhochschulen hinzu – war der Professorenschaft zur freien Verfügung ohne jegliche Leistungskontrollen oder inhaltliche Vorgaben überlassen. Weil sie in den akademischen Gremien jede Reform verhindern können und alle Reformen, die ihre Privilegien einschränkten, auch tatsächlich verhindert haben, haben sich die deutschen Hochschulen über ein Jahrhundert lang erstaunlich immun gezeigt gegen alle Reformversuche aus Politik und Wirtschaft – bis vor wenigen Jahren.

Dabei ist es nicht etwa so, dass sich die Professoren einig wären im Sinne der »universitas magistrorum et scholarium«. Die Aufstiegsfunktion macht sie zu Konkurrenten und Einzelkämpfern. Die meisten Professoren und Professorinnen schaffen ihr eigenes Universum und lehren ihr eigenes Curriculum. Das Ergebnis: institutionalisierte Asozialität statt der Gemeinschaft der Lehrenden und Lernenden.

Entscheidend für das, was an einer Hochschule läuft oder nicht läuft, für die Atmosphäre und für die Normen der Sprache und des Verhaltens, und damit für das, was im ersten Kapitel als Problem beschrieben worden ist, sind also die Professoren und seit den 20er Jahren des 20. Jahrhunderts zunehmend auch die Professorinnen.

Man muss ihre Motivation und die Entstehung ihrer Verhaltensregeln untersuchen, wenn man das deutsche Hochschulsystem verstehen will.

Reputationsmaschine Hochschule

Diese historische Entwicklung hat die Stellung eines deutschen Professors (und zunehmend auch die der Professorinnen) zur wahrscheinlich privilegiertesten in der ganzen Welt gemacht. Man hat keinen Chef, keine Chefin, kann vollkommen selbstbestimmt arbeiten, kann sich mit den interessantesten Gegenständen beschäftigen und sich dafür die intelligentesten und motiviertesten Mitarbeiter und Mitarbeiterinnen aussuchen. Man reist in der Welt herum von Kongress zu Kongress, kann sich überall in der Welt auf Gastprofessuren bewerben und, falls es nicht klappt, stattdessen in den regelmäßigen Forschungsfreisemestern überall auf der Welt die tollsten Projekte betreiben und darüber Bücher und Aufsätze schreiben. Eine Professur bedeutet viel Arbeit – freiwillige Arbeit, denn die tatsächlichen Pflichten sind im Vergleich zu anderen Berufen minimal –, aber auch große Befriedigung. Der Beruf genießt in Deutschland zudem nach dem des Arztes das höchste Ansehen aller Berufe.

Die Motivation, Professor oder Professorin zu werden, ist daher nur zu verständlich. Doch wenn man das Ziel erreicht hat, verändert sich die Situation. Die Motivation der Professorinnen und Professoren folgt dann ganz eigenen Gesetzen, die mit den in Behörden oder Wirtschaftsunternehmen herrschenden Regeln kaum vergleichbar sind. Geld und Beförderung sind bei Professorinnen und Professoren kein wirklich wirksamer Anreiz. Der Professorenschaft ist vor allem an Reputation gelegen.

Reputation ist Ansehen, der Ruf, den jemand in Fachkreisen genießt. Sie wird erworben durch fachliche Exzellenz, durch inhaltlich brillante Lösungen von fachlich allgemein anerkannten Problemen. Bluff kann Reputation aufpolieren, aber nicht herstellen.

Zwar werden im wissenschaftlichen Prozess regelmäßig die Schwachstellen heruntergespielt und die Stärken betont, die Materialfülle aufgeblasen und die Daten bereinigt. Insofern spielt bei der Reputation immer ein Element von Bluff mit. Doch sie ist ohne inhaltliche Substanz nicht erreichbar. Es geht beim Uni-Bluff der Professorinnen und Professoren selten um Fälschung, sondern um die zur Gewohnheit gewordene, unnötige Verkomplizierung und übervorsichtige Absicherung bis hin zur Langeweile auf höchstem Niveau.

Bei der Reputation geht es nicht um Geld, jedenfalls nicht primär. Häufig legen Professoren und Professorinnen noch Geld drauf. Für wissenschaftliche Veröffentlichungen in renommierten Zeitschriften gibt es zum Beispiel kein Honorar. Man muss im Gegenteil manchmal erhebliche Summen für die Gutachter bezahlen, die darüber befinden, ob der eingereichte Aufsatz überhaupt gedruckt wird.

Reputation wird angestrebt, weil sie Zugang zu alldem verschafft, was die Hochschulen an Privilegien und Vorteilen zu bieten haben. Wer einen guten oder hervorragenden Ruf hat, wird aufgefordert, sich auf besonders privilegierte Stellen zu bewerben, kann bei Berufungszusagen zusätzliche Stellen, Sachmittel, Räume und seit neuestem auch Gehaltszulagen aushandeln. Er oder sie wird bei wichtigen Kongressen aufgefordert, Schlüsselreferate zu halten, vielleicht sogar gebeten, die Schirmherrschaft zu übernehmen. Reputation ist wie Kapital, das sich selbst vermehrt. Reputation schafft zusätzliche Reputation. Sie verschafft Zugang zu den Herausgebergremien wichtiger Zeitschriften, den entscheidenden Gremien der Fachorganisationen, zu Gastprofessuren an international angesehenen Universitäten. Überall werden dabei Netzwerke geknüpft. Man schließt Freundschaften, die weitere Einladungen bedeuten, neue Chancen eröffnen und helfen, die Reputation weiter zu festigen und auszubauen. Sie erhöht die Wahrscheinlichkeit auf reibungslose Genehmigung von Forschungsanträgen, die zwar kein höheres Einkommen bringen, dafür Stellen, Reisen und umfangreiche Sachmittel, mit denen man sich und sein Institut besser ausstatten kann. Hat man genügend Reputation angesammelt, eröffnet sie den Zugang zu den inneren Kreisen der Macht, den Expertenräten, den Gutachterkommissionen, den nationalen und internationalen Beratungsgremien.

Reputation an Hochschulen bringt ein höchst interessantes, abwechslungsreiches und an narzisstischer Befriedigung reiches und dabei weitgehend selbstbestimmtes, hoch privilegiertes Leben mit sich. Das dabei erzielte Einkommen liegt in der Regel weit unter dem, was man in der gewerblichen Wirtschaft in vergleichbaren Führungspositionen und mit vergleichbarer Qualifikation erzielen könnte. Doch darauf kommt es den meisten Professorinnen und Professoren gar nicht an. Sie schätzen ihre Freiheit und Selbstbestimmung und die Arbeit an renommierten Projekten weit höher ein als Geld.

Die Asymmetrie des Reputationsgewinns in Lehre und Forschung

Ein Reputationsgewinn in der Lehre führt zu geradezu gegenteiligen Folgen wie der gleiche Zugewinn an Reputation in der Forschung. Ein Erfolg in der Forschung wird weltweit publiziert und in den entsprechenden Fachkreisen beachtet. Ein Erfolg in der Lehre bleibt auf den engen Kreis der Teilnehmer und Teilnehmerinnen der Lehrveranstaltung begrenzt. Er findet sozusagen im Verborgenen statt. Ein Erfolg in der Forschung produziert neue Ressourcen, Forschungsgelder, Mitarbeiter, Sekretärinnen, die einen von Arbeiten entlasten können, damit man noch bessere Forschung betreiben kann. Ein Erfolg in der Lehre produziert mehr Arbeitslast, mehr Teilnehmer und Teilnehmerinnen in den Lehrveranstaltungen, mehr Hausarbeiten, mehr Klausuren, mehr Abschluss- und Doktorarbeiten ohne auch nur die geringste Steigerung der Ressourcen zur Bearbeitung der wachsenden Last. Reputationsgewinn in der Forschung verbessert die Bedingungen ihres weiteren Erfolgs. Reputationsgewinn in der Lehre untergräbt, vermindert sie. Diese Asymmetrie macht es der Lehre schwer. Das ist der Schlüssel zum Verständnis der Institution Hochschule, insbesondere der Universitäten.

Man muss einen »pädagogischen Eros« haben, eine Freude an den Lernprozessen junger Menschen und der Möglichkeit daran mitzuwirken, wenn man sich um gute Lehre bemüht. Doch das sind wundersame und erstaunlicherweise nicht einmal seltene Erscheinungen, die trotz des Systems Hochschule auftreten.

Die Entstehung des Uni-Bluffs aus der Reputationshierarchie in der Forschung

Wenn Reputation in der Forschung das ist, was Zugang zu fast allem verschafft, was an Hochschulen erstrebenswert ist, kann man davon ausgehen, dass sich alles an der Hochschule danach ausrichtet, was diese Reputation ermöglicht. Der daraus entstehende Wettkampf erzeugt unter den Angehörigen des wissenschaftlichen Personals eine fein gestaffelte Hierarchie der Reputation. Man ahnt, wo man im Vergleich zu anderen angesiedelt ist. Es spricht sich im Fach herum, wer wo veröffentlicht, wer welche Forschungsprojekte durchbringt, wer wo eine Gastprofessur bekommen hat. Man weiß, wer erfolgreich ist und wer nicht. Man weiß, wer es geschafft hat und misst sich an dessen Erfolg.

Die es geschafft haben, behandeln die anderen mit souveräner, freundlicher Nichtbeachtung, wenn sie gelegentlich an ihrer Heimathochschule auftauchen. Ihr Erfolg führt sie in alle Welt, wo sie ihre internationale Reputation weiter ausbauen. Im Wettkampf der Hochschulen um solche »Leuchttürme« werden diesen immer weitergehende Freiheiten und Privilegien eingeräumt.

Diese Privilegien bestärken wiederum bei den anderen Mitgliedern des Faches das Streben nach Reputation, schaffen einen mächtigen zusätzlichen Anreiz.

Wie aber entsteht Reputation, was kann man tun, um sie zu erwerben? Das wird damit zur entscheidenden Frage.

Sie entsteht aus der Anerkennung durch andere Professorinnen und Professoren. Es ist der gleiche Mechanismus wie bei der Frage: Wie wird man Professor? Die darauf gegebene Antwort, »indem man anderen Professoren gefällt!«, kann für die Reputation jedoch präziser formuliert werden: Man muss den Größen des Faches gefallen. Das sind die Professoren und wenigen Professorinnen, die in den Herausgebergremien der wichtigen Zeitschriften, den Beschlussgremien der großen Forschungsförderer und den Leitungsgremien der großen Fachorganisationen sitzen, in denen entschieden wird, wer auf den Fachkongressen redet und wer in die mächtigen Gremien entsendet wird. Für sie muss man formulieren. Ihnen muss die Präsentation, der Text, das Projekt gefallen. Denn wenn sie einen Aufsatz akzeptieren, ein Forschungsprojekt genehmigen, einen Text zitieren, lobend erwähnen, jemanden einladen oder weiterempfehlen, dann entsteht Reputation. Diejenigen, die diesen Größen nahestehen und auf dem Sprung sind, selbst Größen zu werden, kennen die Maßstäbe aus nächster Nähe und vermitteln sie weiter an ihren Umkreis, den sie fördern. Von dort aus werden sie von Gruppe zu Gruppe weitergegeben, bis sie sich mit einer gewissen Zeitverzögerung im gesamten Fach ausgebreitet haben.

Maßstäbe dieser kleinen Fachelite, die Reputation zuweist, setzen sich also auf Dauer durch. Ihre gewählte, exklusive Fachsprache, ihr freundlich-arrogantes, mit bürgerlicher Bildung und exotischem Wissen protzendes Gehabe wird bestimmend für das Fach. Aufsätze und Bücher, die ihre Billigung und lobende Erwähnung finden, erreichen Vorbildfunktion.

Sie werden von der aufstrebenden, besonders auf Reputationsgewinn ausgerichteten nächsten Generation junger Wissenschaftler und Wissenschaftlerinnen aufgesogen, systematisiert und dabei dogmatisiert und verdichtet. So entstehen eine Sprache und Form der Selbstpräsentation, die besonders auf Effekt, auf Überlegenheit und Exklusivität ausgerichtet ist.

So entstehen auch die oft erstaunlich unterschiedlichen Fachkulturen, etwa die selbstgefällig exhibitionistische der Kunst und Architektur, die gediegen konservative der Juristerei, die sachbezogen bescheidene des Ingenieurwesens, die kritisch hinterfragende der Sozialwissenschaften oder die hyperkompetent allwissende der Wirtschaftswissenschaften.

Die Auswirkungen auf die Lehre

Die Asymmetrie zwischen Forschung und Lehre beim Reputationsgewinn sorgt also dafür, dass sich an den Hochschulen, insbesondere an Universitäten, alles um die Forschung dreht. Erfolg in der Forschung wird zum Maßstab des Erfolgs überhaupt. Die Folgen für die Lehre könnte man sich katastrophaler nicht vorstellen. Sie wird von der Institution wie von den meisten Lehrenden vor allem als Last empfunden und entsprechend behandelt.

Symptomatisch dafür ist, dass in der Lehre Forschungsmethoden ausführlichst und immer wieder vermittelt und geprüft werden, Präsentationsmethoden jedoch praktisch nie. Symptomatisch dafür ist auch, dass bei der Berufung von Professoren und Professorinnen die Forschungsleistungen und Publikationen allentscheidend sind, die didaktische Qualität des Probevortrags jedoch kaum ins Gewicht fällt und die hochschulpädagogische Vorbildung und

Qualifikation kaum überprüft wird. Als Rektor war ich darum an meiner Hochschule darauf aus, wenn es irgend ging, bei den Probevorträgen für Berufungen anwesend zu sein. Die pädagogische Qualifikation vieler laut Aktenlage durchweg lehrerfahrener Kandidaten und Kandidatinnen war so katastrophal, dass ich aus diesen Beobachtungen am »Tag der Lehre« an meiner Hochschule ein Lehrkabarett zusammenstellte unter dem Motto: »Was man in der Lehre alles falsch machen kann.«

Symptomatisch ist auch, dass renommierte Professoren und Professorinnen mit jahrelanger Lehrerfahrung, manche sogar schon emeritiert, bei öffentlichen Festvorträgen, Kongressen und Ringvorlesungen immer wieder katastrophal unleserliche und überladene Folien präsentieren. Oft erweisen sie sich als unfähig, mit der einfachsten Unterrichtstechnik umzugehen oder – noch häufiger – ganz ohne Medieneinsatz ihren Vortrag in klassisch verschachtelter Schriftsprache stockend und viel zu leise vom Blatt ablesen. Es ist ein Wunder, dass Studierende dabei überhaupt etwas mitbekommen.

Es ist überhaupt nicht systemwidrig und bleibt für die Professorinnen und Professoren völlig folgenlos, wenn sich diese erfahrenen »Hochschullehrer« in ihrer langen, erfolgreichen Karriere nie ernsthaft um die Lehre kümmern. Sie haben bei Professoren gelernt, die es genauso gehalten haben. Und ihre Mitarbeiter und »Zöglinge« werden sich wiederum an ihnen orientieren, solange sie ihnen die Aussicht auf Reputation in der Forschung sichern.

Einer meiner Kollegen erzählte mir eine Geschichte, die den ganzen Irrsinn auf den Punkt bringt: Er hatte sich für sein Studium als Bauingenieur die Universität mit dem berühmtesten Fachmann für Beton ausgesucht. Dessen Vorlesungen seien aber schrecklich gewesen. Er habe überhaupt nichts verstanden. Doch habe er dennoch bei diesem Professor am meisten gelernt. Denn weil er nichts verstanden hätte, habe er sich mit seinen Mitstudierenden hingesetzt und die Beispiele durchgerechnet und gelöst, die der Professor in seiner Vorlesung angeführt hatte. Und dabei habe er den Durchbruch geschafft. Solch eine absurde Verkehrung der Aufgaben der Hochschule – die Autodidaktisierung der Lehre –

ist das Ergebnis der Asymmetrie zwischen Lehre und Forschung und der daraus folgenden Höherbewertung der Forschungsreputation.

Der Wissenschaftsbegriff als Bluff

Der Wettkampf um möglichst perfekte, makellose und brillant formulierte Forschungsergebnisse wird durch den herrschenden Wissenschaftsbegriff verschärft. Neue wissenschaftliche Theorien entstehen eher chaotisch, assoziativ und tastend und mit vielen anfänglichen Widersprüchen und Unklarheiten. All das darf nach dem herrschenden Wissenschaftsbegriff nicht sein.

Die Präsentation der Ergebnisse wird bestimmt durch den Blick auf das, was bereits die Billigung der Forschungseliten gefunden hat und in den Spitzenjournalen veröffentlicht ist. Der Blick ist geprägt von Hoffnung auf Anerkennung, vielleicht Ruhm, und die Angst vor Ablehnung, Nichtbeachtung oder Kritik. Alles, was diese Anerkennung gefährden und Anlass zu Kritik bieten könnte, alles Unklare und Zweifelhafte, wird für die Darstellung des Ergebnisses aus dem im Entstehungsprozess angesammelten Material entfernt. Dadurch entsteht eine Version, die dem herrschenden Stil entspricht.

Beide Phasen des Wissenschaftsprozesses, der Entstehungs- und der Rechtfertigungsprozess, sind notwendige Teile der Wissenschaft, die beiden Hälften eines Ganzen. Ohne Entstehungsprozess kämen keine neuen Gedanken und Modelle in die Wissenschaft. Ohne Rechtfertigungsprozess gäbe es keine Rationalität, keine überprüfbaren Verallgemeinerungen.

Im herrschenden Wissenschaftsbegriff fällt aber eine Hälfte, der Entstehungsprozess, unter den Tisch. Er wird verleugnet und aus Angst vor Kritik im Verborgenen gehalten. Denn in ihm stecken die Unsicherheiten, die willkürlichen Konstruktionen. Die Daten sind noch chaotisch, die Fragestellung schwankt und wandelt sich dauernd. Die Theorie ist schwammig und mehr von Bildern als von Prämissen bestimmt. In dieser Phase sind vor allem die Motive, Hoffnungen und Träume der Forschenden wichtig, weil sie den

Antrieb liefern, um die Schwierigkeiten bis zur Formulierung einer in sich stimmigen Theorie durchzustehen.

Der Entstehungsprozess ist von den persönlichen Vorlieben und Gesichtspunkten der beteiligten Menschen, ihren Denkweisen, Hoffnungen und Interessen gekennzeichnet. Für den vorherrschenden Begriff von Objektivität summieren sich solche Merkmale aber zum schwerwiegendsten Vorwurf, der gegen eine wissenschaftliche Arbeit erhoben werden kann, den der Subjektivität.

Deshalb werden die erarbeiteten Daten nach den Kriterien des Wissenschaftsbegriffes durchgegangen, überarbeitet und für das wissenschaftliche Publikum aufbereitet. In diesem nachgeschalteten Rechtfertigungsprozess werden alle Unstimmigkeiten eliminiert. Nicht ganz eindeutige Begrifflichkeiten und Daten werden geglättet oder weggelassen. Die Kontinuität zur wissenschaftlichen Literatur wird in der Regel im Nachhinein hergestellt, so, als ob sie am Anfang des Prozesses gestanden hätte.

Studierende erfahren vom Entstehungsprozess erst dann etwas, wenn sie selbst in der Forschung tätig werden. Davor werden ihnen nur die gereinigten Ergebnisse des Rechfertigungsprozesses präsentiert. Und bereits das ist Bluff!

Die Situation an Fachhochschulen

An Fachhochschulen, an denen die Forschung als Dienstaufgabe für die Professorinnen und Professoren hinter der Lehre zurücksteht, ergibt sich ein anderes Bild. Die Chancen auf Kongressen, in Zeitschriftenherausgebergremien, bei Gastprofessuren oder in Gutachtergremien groß herauszukommen, sind immer noch gering, obwohl sich die Fachhochschulen mächtig ins Zeug legen, um diese Situation zu ändern. Der Druck, sich internationale Reputation zu erwerben, ist daher geringer.

Da es an Fachhochschulen fast keine wissenschaftlichen Mitarbeiter gibt, ergeben sich kaum Möglichkeiten, Lehre und Korrekturen abzuschieben. Die Professorinnen und Professoren haben deshalb meist einen viel direkteren persönlichen Kontakt zu den Studierenden als an Universitäten. Dafür sorgen eine mehr als doppelt so hohe Lehrverpflichtung und gleichzeitig deutlich weniger Studierende pro Lehrkraft. Zwar gilt die gleiche Asymmetrie zwischen Forschung und Lehre wie an Universitäten, d. h. gute Lehre führt auch an Fachhochschulen zu mehr Arbeit. Weil es aber in den meisten Fächern einerseits wenige Forschungsmöglichkeiten und andererseits feste Seminargruppen oder Anmeldelisten mit Obergrenzen gibt, hält sich die Asymmetrie in Grenzen. Die Lehre steht im Mittelpunkt, und der Kontakt der Lehrenden zu den Studierenden und der Studierenden untereinander ist intensiver und häufiger als an Universitäten. Dadurch spricht sich Erfolg in der Lehre eher herum. Erfolg in der Lehre verschafft so mehr Zuwendung und eine besondere Form der öffentlichen Reputation, Respekt.

Darüber hinaus kommen alle Lehrenden mit nicht weniger als fünf Jahren Praxiserfahrung an die Fachhochschule. Viele haben erfolgreiche Karrieren in der gewerblichen Wirtschaft hinter sich. Sie kommen an die Fachhochschule vor allem wegen der größeren Freiheit und des geringeren Drucks. Viele widmen sich der Lehre mit Begeisterung und wollen die Studierenden für die Praxis fit machen. Zwar haben auch sie in der Regel keine Ausbildung in Hochschuldidaktik durchlaufen und beherrschen häufig nicht einmal die einfachsten Präsentationstechniken oder Methoden aktivierenden Lernens. Doch ihre Begeisterung und die kleineren Gruppengrößen gleichen das oft aus.

Andere betreiben in der für Forschung vorgesehenen Zeit in Nebentätigkeit zusammen mit ehemaligen Partnern aus der Wirtschaft Büros, in denen sie zum Teil sehr umfangreiche Projekte aus ihrer Berufspraxis weiterbetreuen. Sie bleiben in Kontakt mit den neuesten Entwicklungen der Praxis und gestalten daraus eine aktuell praxisbezogene Lehre.

All dies erzeugt eine völlig andere Atmosphäre als an Universitäten. Die Orientierung auf Praxis und Anwendungsbezug und der stärkere Fokus auf die Lehre führen zu einer nicht notwendigerweise besseren, aber verständlicheren und praxisnäheren Lehre und zu einem weniger elitären Umgang miteinander. Darum ist der Bluff eher eine Erscheinung der Universitäten als der Fachhochschulen.

Die Ausbreitung des Uni-Bluffs aus dem Übergewicht der Forschung

Die Zeitschrift *Der Spiegel*[19] hat Mitte 2004 in Deutschland ein Hochschulranking durchgeführt, bei dem nicht wie bei den anderen Hochschulrankings in repräsentativen Befragungen nach dem Zufallsprinzip ausgewählte Studierende befragt wurden, sondern die besten Studierenden, solche mit den besten Noten, mit Preisen und Auszeichnungen und Stipendien für Hochbegabte. Sie sollten angeben, welche Hochschule sie warum bevorzugten. Es stellte sich heraus, dass sie Hochschulen nach der Forschungsreputation auswählten.

Sie wählten nicht die Hochschulen, die bei den anderen Rankings gute Noten bekamen, bei denen es darum ging, wo besonders gute Lehre, eine gute Studienorganisation und eine studierfreundliche Ausstattung anzutreffen sind. Die von den Besten bevorzugten Hochschulen schnitten da eher schlecht ab. Die bemühten sich kaum um die Lehre. Sie meinten, es nicht nötig zu haben. Sie hatten ihre Reputation. Gerade deswegen wurden sie von den besten Studierenden gewählt.

Dieses Phänomen ist bezeichnend für das deutsche Hochschulsystem. Es unterstreicht, dass es durch und durch auf Reputation in der Forschung ausgerichtet ist. Die in der Forschung erfolgreichsten Professorinnen und Professoren wählen sich die besten, ehrgeizigsten und vielversprechendsten Studentinnen und Studenten aus, fördern sie, machen sie zu Hilfskräften und wissenschaftlichen Mitarbeitern, nehmen sie in ihre Forschungsteams auf und vergeben an sie anspruchsvolle Themen für Abschluss- und Doktorarbeiten aus ihren laufenden Forschungsprojekten.

Die anderen, weniger talentierten und weniger ehrgeizigen Studierenden beachten die Lehrenden in ihren Veranstaltungen nur so weit wie unbedingt nötig oder überlassen sie ihren Mitarbeitern zur Massenbetreuung. Die von diesen übernommenen Lehrveranstaltungen und Korrekturen werden selbstverständlich

. . . .

19 *Spiegel Online* vom 22. November 2004.

stärker mit Blick auf die Erwartungen des Chefs als die der Studierenden durchgeführt. Denn auch für sie gilt die Asymmetrie von Lehre und Forschung.

Die Mitarbeiter gestalten ihre Lehrveranstaltungen nach den Anforderungen der Spitzenforschung des Faches und selten nach den Lernanforderungen der Studierenden. So entsteht und verfestigt sich die Diskrepanz zwischen der eigentlichen Aufgabe der Hochschule in der Lehre und ihrer tatsächlichen Erfüllung. So wird der Uni-Bluff für die weniger begabten Studierenden zur Pflicht. Die im Forschungszusammenhang gesprochene und geschriebene Sprache ist eine ganz andere, als sie für die Lehre, insbesondere für Studienanfänger, notwendig wäre. Für Referate bei Kongressen oder für Aufsätze in renommierten Zeitschriften ist eine perfekte Selbstdarstellung notwendig. Die gleiche Sprache wirkt in der Lehre einschüchternd und demotivierend und damit als Bluff, der zum Vorbild wird, das es zu imitieren gilt, wenn man an der Hochschule Erfolg haben will.

Auch die jungen wissenschaftlichen Mitarbeiter und Mitarbeiterinnen müssen sich vor allem um ihre Karriere in der Forschung kümmern. Sie wurden rekrutiert aus der Gruppe der Besten, der Ehrgeizigsten und Motiviertesten, weil sie den an der Forschung orientierten Maßstäben der Professorinnen und Professoren am besten entsprachen. Die ausschließende, einschüchternde Wirkung der Sprache und der gesamten Selbstdarstellung ist ihnen vermutlich nie aufgefallen, weil sie schon in der Schule das Schwierige gesucht und gemeistert haben. Nun ist ihnen die Selbstdarstellung zur zweiten Natur geworden, und sie merken gar nicht, dass sie zu den hauptsächlichen Multiplikatoren des Uni-Bluffs geworden sind.

Der Blick nach England und Amerika

Als ich Prorektor und später Rektor einer Hochschule war, unternahm ich in dieser Funktion mehrere Reisen nach England und in die USA, um die dortigen Hochschulsysteme mit ihren Bachelor- und Masterabschlüssen intensiv zu studieren, zuletzt im Herbst 2004 mit einem Fulbright-Stipendium.

Das Ergebnis der Studien vor Ort war: Es gibt in beiden Ländern außerordentlich elitäre Hochschulen mit einem gerüttelten Maß an Arroganz, aber den deutschen Uni-Bluff gibt es nicht. Denn die Lehre ist für die meisten Hochschulen beider Länder genauso wichtig wie die Forschung. Der Ruf einer Hochschule ergibt sich in beiden Ländern nicht nur aus der Forschung. Die Lehre spielt einen genauso großen Anteil. Die besten Hochschulen empfehlen sich mit den Noten der Schülerinnen und Schüler, die sich bei ihnen um Aufnahme bewerben. Sie werben für sich mit den Karrieren, die ihre Absolventinnen und Absolventen erreichen. In beiden Ländern werden die Studierenden in allen Phasen des Studiums eng betreut. Ihr Lernerfolg steht im Mittelpunkt der Bemühungen der Hochschulen. In Evaluationen und Tests soll weniger die Studienzufriedenheit der Studierenden als ihr Lernerfolg gemessen werden. Die Lehrenden werden nach dem Lernerfolg ihrer Studierenden bezahlt und danach, wie es ihnen gelingt, sie nach dem Abschluss in lukrativen Positionen unterzubringen. Auf diese Weise versöhnen das englische und amerikanische Hochschulsystem den Aufstiegsaspekt des Studiums mit dem inhaltlichen. Der eine wird zur Voraussetzung des anderen. Denn Lernerfolge sind nur als Resultate des inhaltlichen, problemlösenden Studiums möglich. Überschüssige Selbstdarstellung und unnötige Abstraktionen sind dabei hinderlich und reduzieren sich meist auf rituelle formale Pirouetten außerhalb der Lehre. Der enge und stetig vorgeführte Zusammenhang der inhaltlichen Lernerfolge mit den daraus resultierenden

Aufstiegschancen schon während des Studiums (es gibt spezielle Honors-Kurse und Honors-Klassen für die besten Studierenden) und erst recht bei der Platzierung in hervorragenden Positionen nach dem Studium durch die betreuenden Professoren und Professorinnen, wirkt wie ein Turbolader auf die inhaltliche Motivation.

Der Aufstiegsaspekt steht schon beim Hochschulzugang im Vordergrund. In England wählen die Hochschulen die Erstsemester nach den hoch differenzierten Abschlüssen der Schulen aus. In den USA müssen alle Schüler und Schülerinnen, die studieren wollen, im letzten Jahr der High School einen landesweit standardisierten Test ablegen, den SAT (Scholastic Aptitude Test), dessen Ergebnisse über die Hochschule entscheiden, für die man sich bewerben kann. Denn die elitären Hochschulen sind stolz darauf, dass sie nur Bewerbungen mit einem sehr hohen SAT-Ergebnis annehmen. Und wer es auf eine dieser exklusiven Hochschulen schafft, hat das Eintrittsticket für die besten Positionen im Land.

Darum sind die Familien der Studierenden bereit, für deutsche Verhältnisse phantastische Summen als Studienbeiträge zu zahlen. Aus diesen Einkünften zahlen die Hochschulen den Lehrenden für gute Lehre und gute Betreuung auch gutes Geld. Gute Lehre ist so für beide Seiten eine lohnende Investition. Studierende und Eltern bestehen bei den hohen Beiträgen auf exzellente Ausstattung und Lehre, sonst wechseln sie die Hochschule. Der Hochschulleitung bleibt darum keine Wahl, als die Lehrleistung ihrer Lehrenden sehr genau zu prüfen, gute Lehre und Betreuung zu fordern und zu fördern.

Das Studium in beiden Ländern ist intensiv, streng reguliert und kontrolliert, hoch selektiv, teuer und sehr elitär. Aber es erzeugt erstaunlicherweise dennoch keinen oder nur geringen Bluff.

Der gegenwärtige Versuch einer Übertragung auf Deutschland

Mitte der 1990er Jahre kam es in Deutschland zu einer großen Koalition zwischen Hochschulrektorenkonferenz auf der einen Seite und Wirtschaft und Politik auf der anderen. Treibende Kraft waren nicht die Wirtschafts- und Unternehmerverbände, wie das bei den Kritikern der Reform immer unterstellt wird, sondern das Präsidium der Hochschulrektorenkonferenz (HRK).

Die darin versammelten langjährigen Rektoren und Rektorinnen standen damals unter einem wachsenden Problemdruck. Auch für sie gab und gibt es eine Asymmetrie zwischen Lehre und Forschung. Aber bei der Hochschulleitung verhält sie sich umgekehrt wie bei den Professorinnen und Professoren: Erfolg in der Lehre, ein guter Ruf bei den Studierenden und wachsende Studierendenzahlen führen – anders als bei den Lehrenden – zu höheren Gesamteinkünften der Hochschule, zu mehr Stellen und einer gesteigerten Reputation der Hochschule und damit ihrer Leitung in der allgemeinen Öffentlichkeit (und nicht nur in Fachkreisen). Es sind die großen Universitäten, die in Deutschland den Ton angeben. In Amerika und England sind die Eliteuniversitäten nicht die größten, sondern vergleichsweise eher klein und fein.

Erfolge in der Forschung bedeuten für Hochschulleitungen in Deutschland zwar auch eine Steigerung ihrer Reputation. Doch auf die aus fremden Mitteln finanzierte Forschung (Drittmittel) hat die Hochschulleitung kaum Einfluss. Gelder und Stellen aus Drittmitteln werden von den jeweiligen Projektverantwortlichen verwaltet und stärken deren Position gegenüber den Hochschulleitungen. Die aus solchen Forschungsmitteln finanzierten Institute bewegen sich unabhängig zur Hochschule wie Satelliten um einen Planeten.

Forschungsgelder und -stellen vergrößern also nicht den finanziellen und politischen Spielraum der Hochschulleitung. Das ist ganz anders bei den Mitteln, die für die Lehre und für das ständig an der Hochschule beschäftigte Personal in den Haushalt der Hochschule eingestellt werden. Diese erhöhen das politische Gewicht der Hochschulleitung, sind die Basis ihrer Macht und geben ihr erst den politischen Spielraum, mit dem sie die Hochschule steuern kann. Diese Mittel stammen aber primär aus der Lehrfunktion der Hochschule. Den Hochschulleitungen muss daher an guter Lehre gelegen sein. Bei der Professorenschaft dagegen kann wegen der Asymmetrie von Reputationsgewinn in Forschung und Lehre gute Lehre nicht an erster Stelle der Prioritäten stehen.

In diesem grundlegenden Interessenkonflikt ist die Professorenschaft wegen der Freiheit von Lehre und Forschung bis in die 1990er Jahre Sieger geblieben. Die Eingriffsmöglichkeiten und Steuerungsmittel der Hochschulleitungen hatten sich immer wieder gegen die professorale Koalition der Verhinderer als unwirksam erwiesen.

In der Zeit dieser völligen Stagnation der Hochschulreform verkam die Qualität der Hochschulausbildung in Deutschland immer mehr. Die besten Leute wanderten ab in die USA. Die dort mögliche Auswahl von Studierenden, die Qualitäts- und Leistungskontrolle und leistungsgemäße Honorierung bei den Lehrenden, die Durchsetzungsfähigkeit der Hochschulleitungen und die dank Spenden und Studiengebühren gute finanzielle Ausstattung machten dort Spitzenleistungen möglich, die früher in Deutschland erbracht worden waren. Früher war die Welt zum Studieren nach Deutschland gekommen, jetzt gingen selbst die Deutschen in die USA.

Daraufhin begannen sich die Hochschulleitungen stärker für das angloamerikanische Modell der Hochschule zu interessieren. Was konnte man lernen? Was konnte man auf Deutschland übertragen?

Die Grenzen der Übertragbarkeit

Viele der Vorteile amerikanischer und englischer Hochschulen sind wegen des unterschiedlichen, geradezu gegensätzlichen Freiheitsbegriffs in Deutschland und in den beiden Vorbildländern nicht auf Deutschland übertragbar. In Deutschland sind die Grundrechte Freiheiten, die der Staat gewährleistet und garantiert. In den USA sind die Grundrechte (»Bill of Rights« – die ersten Verfassungszusätze) gegen den Staat gerichtet und schützen den privaten Freiheitsraum der Bürger. In England gibt es weder eine Verfassung noch einen Grundrechtskatalog. Das Freiheitsverständnis richtet sich aber auch dort eher gegen den Staat, als dass es auf staatliche Garantien vertraut.

Darum gibt es weder in England noch in den USA eine verfassungsrechtlich und staatlich garantierte Freiheit von Lehre und

Forschung oder ein Berufsbeamtentum der Professorinnen und Professoren. Auch gibt es kein Grundrecht auf freie Wahl der Ausbildungsstätte wie es der Artikel 12 im Grundgesetz für Deutschland garantiert und den deutschen Staat dazu zwingt, an allen Hochschulen ein in England und den USA undenkbares, einheitliches Zulassungsverfahren festzuschreiben und an allen Hochschulen für vergleichbare Abschlüsse zu sorgen.

Das amerikanische Freiheitsverständnis als Freiheit der Bürger vor unnötiger staatlicher Regulierung erzeugt ein Maximum an Vielfalt und regionalen Unterschieden. Eine Verpflichtung des Staates wie im Artikel 72 des Grundgesetzes auf die »Herstellung gleichwertiger Lebensverhältnisse im Bundesgebiet« ist in den USA völlig unvorstellbar. Diese Bestimmung setzt den Variationen im deutschen Hochschulwesen jedoch enge Grenzen. Dennoch standen das englische und US-amerikanische Vorbild Pate bei den jüngsten Hochschulreformen in Deutschland.

Der Anstoß zur Reform

Das deutsche Hochschulsystem stand jedoch nicht nur durch den Qualitätsverlust im Vergleich zu den USA unter Druck. Das andere, weit drängendere Problem war der Einigungsprozess Europas. Die mit ihm einhergehende Freizügigkeit und Mobilität in allen Mitgliedsländern erzeugte die wachsende Notwendigkeit, die Bildungssysteme einander wenigstens in den Abschlüssen und Übergängen vergleichbar zu machen. Und auch da erwies sich das deutsche System als hochgradig verbesserungsbedürftig. Ineffiziente und geradezu skurril wirklichkeitsfremde und chaotische Institute und Studiengänge immunisierten sich gegen jede Veränderung. Skandalös ineffiziente Fakultäten mit Abbrecherquoten um die 80 % erklärten diese zum Beweis ihres hohen Niveaus. Lehrerausbildung, die nichts mit Schule, Ingenieurmathematik, die nichts mit Ingenieurtätigkeit, juristische Vorlesungen, die nichts mit der Anwalts- oder Richtertätigkeit zu tun hatten, Soziologie- und Philosophie-Seminare von esoterischer Exklusivität waren typisch für das deutsche Hochschulwesen. Der Mythos der überall in

Deutschland gleich guten Hochschulausbildung führte insgesamt zu einer Angleichung nach unten. Das Beschäftigungssystem koppelte sich immer mehr vom Bildungssystem ab.

Alle diese Gründe trugen dazu bei, dass sich Politik, Wirtschaft und Hochschulrektorenkonferenz immer mehr an dem englischen und amerikanischen Modell orientierten und die Instrumente schufen, die Blockade-Möglichkeiten der Professorenschaft zu brechen.

Dies erwies sich als am schwierigsten und dauerte am längsten. Dazu wurden und werden nach und nach neue Leitungsstrukturen eingeführt, die der Hochschul- und Fachbereichsleitung Rechte einräumen, Verbesserungen in der Organisation der Lehre, Studienreformen und ein Qualitätsmanagement der Lehre auch ohne Zustimmung der Professorenschaft durchzusetzen. Bevor diese neuen Leitungsstrukturen wirksam werden konnten, mussten jedoch die für den europäischen Einigungsprozess unverzichtbaren Reformen von oben gegen den wachsenden Widerstand der Professorenschaft durchgesetzt werden. Das Mittel waren Bundes- und Landesgesetze und Beschlüsse der Hochschulrektorenkonferenz und der Kultusministerkonferenz. So wurde nach und nach die Bologna-Deklaration mit ihren europaweit vergleichbaren gestuften Studiengängen und ihren weitreichenden Eingriffen in die Studienstruktur der deutschen Hochschulen umgesetzt. Das Ergebnis sind die jetzt existierenden neuen Bachelor- und Masterstudiengänge.

Bachelor

Deutschland lag mit seinem »Diplom« quer zur weltweiten Entwicklung der letzten Jahrzehnte. Überall sonst hatte man die in England und USA üblichen Abschlussbezeichnung eingeführt: »Bachelor« für den Abschluss der ersten Studienphase und »Master« für den Abschluss der zweiten, »postgradualen« – d. h. auf den ersten Abschluss folgenden – Studienphase. »Diploma« galt außerhalb des deutschsprachigen Raumes als Bezeichnung eines minderwertigen Abschlusses. Meine eigenen weltweiten Recherchen ergaben, dass nur diejenigen das deutsche Diplom kannten und schätzten, die selbst direkte Erfahrungen mit deutschen Diplomingenieuren gehabt hatten. Die anderen verstanden unter Diplom alles Mögliche, aber keinen qualifizierten Hochschulabschluss.

1999 erklärten die europäischen Bildungsminister in der berühmt gewordenen Bologna-Deklaration ihre Absicht, bis 2010 das gesamteuropäische Bildungssystem auf den weltweit üblichen zweiphasigen Bildungszyklus umzustellen. Sie gaben für die beiden Phasen keine Bezeichnungen vor. In Deutschland wählte man die in Amerika und England üblichen Bezeichnungen »Bachelor« und »Master«.

Außer diesen Namen haben die amerikanischen und englischen Abschlüsse nichts gemein. In Amerika liefert ein vierjähriger Bachelor keinen berufsbefähigenden Abschluss, sondern eine breite Allgemeinbildung mit meist zwei Vertiefungsrichtungen (»major« und »minor«). In Großbritannien führt ein meist dreijähriger Bachelor zielstrebig und ohne allgemeinbildende Fächer zu einer guten Berufsqualifikation. Es ist darum unsinnig, von »angloamerikanischen« Abschlüssen zu sprechen. Die neuen deutschen Abschlüsse Bachelor und Master haben mit Amerika nichts zu tun. Sie sind rein europäische auf die Bologna-Deklaration zurückzuführende Anpassungen an das britische Modell. Sie sollen eine vergleichbare europäische Bildungspolitik ermöglichen.

Für Deutschland haben sie noch eine weit wichtigere, zusätzliche strategische Bedeutung. Deutschland müsste dringend einen größeren Anteil der Bevölkerung zu einer akademischen Berufsausbildung bringen. Unter den in der OECD zusammengefassten Industrieländern entwickelt sich Deutschland in Bezug auf den Anteil der akademisch Gebildeten in einem Geburtsjahrgang immer mehr zum Schlusslicht. Im Durchschnitt der OECD-Mitgliedsländer erwarben laut *Education at a Glance* (2006) im Jahr 2004 34,8 % eines Jahrgangs einen ersten Hochschulgrad. In mit Deutschland wirtschaftlich vergleichbaren Industrieländern wie Australien, den Niederlanden, Dänemark und Großbritannien schafften das 40 % und mehr. In Deutschland waren es 20,6 %. Ein niedrigerer Prozentsatz wird nur von der Tschechischen Republik (19,7 %), Österreich

(19,6 %) und der Türkei (10,8 %) berichtet.[20] Angesichts der Entwicklung zur »Wissensgesellschaft«, einer Gesellschaft, in der immer mehr Produkte mit wissenschaftlichem Wissen entwickelt und produziert werden, ist diese bildungspolitische Stagnation vergleichbar mit einer langen Reise, die man mit abgefahrenen Reifen antritt. Mangelnde Investitionen in die Hochschulpolitik heute verbauen die Chancen der deutschen Wirtschaft für morgen. Tony Blair hat dies schon vor Jahren erkannt, als er 1996 auf dem Labour-Parteitag die drei Prioritäten seiner Regierung definierte: »Education, education, education!«

Auch Deutschland muss den Anteil eines Jahrgangs mit einem ersten Hochschulabschluss auf über 40 % steigern. Das ist mit den Anforderungen an das Diplom als erstem Abschluss nicht zu schaffen. Mit einer höheren Bildungsbeteiligung kommen unausweichlich auch geringere Begabungen an die Hochschulen, die den jetzigen Anforderungen nicht gewachsen wären. Darum sind die neuen gestuften Abschlüsse mit ihrer um ein Jahr kürzeren ersten Phase für die deutsche Bildungspolitik die strategisch richtige Reform zum richtigen Zeitpunkt. Denn um den steigenden Qualifikationsanforderungen einer immer stärker wissensbasierten Gesellschaft auch nur annähernd gerecht zu werden, müssten mindestens ein Viertel derjenigen mit einem ersten Abschluss, also 10 % und mehr, einen zweiten Abschluss (OECD-Durchschnitt 12,8 %) und über 1 % einen Doktorgrad erreichen.

Der neue, nach drei Jahren zu erreichende Bachelor ist die logische Antwort auf die Herausforderungen des nächsten Jahrtausends. Es ist nur konsequent, für die neue breitere Studienbeteiligung einen Abschluss vorzusehen, der deutlich weniger verlangt und dennoch auf einer mittleren Ebene berufsqualifizierend ist, eben den dreijährigen, berufsqualifizierenden Bachelor. Es gibt ihn bereits seit vielen Jahren in den meisten Ländern des Commonwealth, dem Einflussgebiet Großbritanniens. Und dort hat er

· ·

20 Vgl. http://www.oecd.org/dataoecd/47/48/37363481.xls im Mai 2007.

sich bewährt als eine Qualifikationsstufe, die sich zum Einstieg in die firmenspezifischen Trainingsprogramme hervorragend eignet.

Master

Der Master bietet ein weites Betätigungsfeld. Hier können sich die Universitäten und die eher forschungsorientierten Lehrenden an Fachhochschulen austoben. Wenn es an deutschen Hochschulen gelänge, sich im Bachelorstudium tatsächlich auf den Lernprozess der Studierenden und die zu erwerbenden Kompetenzen zu konzentrieren (siehe nächster Punkt ECTS und Modularisierung) und eine auf die Studierenden zentrierte Lehre einzuführen, bestünde eine Chance, dort den Uni-Bluff und seine Folgen auf ein Minimum herunterzufahren. Es wäre dann aus meiner Sicht nicht weiter problematisch, sowohl an Fachhochschulen wie Universitäten das Masterstudium (und das Promotionsstudium an Universitäten sowieso) der Forschungsorientierung und Stoffhuberei zu überlassen. Dazu lassen die geltenden Bestimmungen zum Masterstudium genügend Raum.

Die Bologna-Deklaration von 1999 forderte: »Einführung eines Systems, das sich im wesentlichen auf zwei Hauptzyklen stützt: einen Zyklus bis zum ersten Abschluss (undergraduate) und einen Zyklus nach dem ersten Abschluss (graduate). Regelvoraussetzung für die Zulassung zum zweiten Zyklus ist der erfolgreiche Abschluss des ersten Studienzyklus, der mindestens drei Jahre dauert. Der nach dem ersten Zyklus erworbene Abschluss attestiert eine für den europäischen Arbeitsmarkt relevante Qualifikationsebene. Der zweite Zyklus sollte, wie in vielen europäischen Ländern, mit dem Master und/oder der Promotion abschließen.«[21] Die Bezeichnung »Master« ist demnach nur ein Name für den »zweiten Zyklus«. Weder ist festgelegt, wie lange die Ausbildung zum Master dauern soll, noch welche Qualifikationen mit ihm erworben werden sollen. Aus dem Zusammenhang wird jedoch deutlich, dass es sich um

. . . .

21   Im Internet über Suchmaschinen an vielen Orten leicht zu finden.

vertiefte wissenschaftliche Fähigkeiten jenseits und zusätzlich zu der im ersten Zyklus erworbenen, »für den europäischen Arbeitsmarkt relevante(n) Qualifikationsebene« handeln soll.

Entsprechend vielfältig sind die Masterabschlüsse in Europa. In England setzt sich zum Beispiel immer stärker ein Masterabschluss ohne den laut Bologna obligatorischen ersten Zyklus durch. Inhaltlich hat das damit zu tun, dass englische Universitäten zunehmend ihr Geld nach der Anzahl der Studenten bekommen, die sie für sich gewinnen können. Bei hohen Studiengebühren ziehen englische Studienbewerber möglichst kurze Studiengänge vor und wählen darum Angebote, die sie in vier statt sechs Jahren zum Masterabschluss bringen. Die britische Regierung kümmert das wenig, weil sie sich auch sonst nur gelegentlich an EU-Beschlüsse hält.

Für Deutschland hat die Kultusministerkonferenz (KMK), das gemeinsame Koordinierungsgremium der für die Hochschulen praktisch allein zuständigen Länder, mehrere grundlegende, inhaltlich präzisierende Beschlüsse gefasst:

- Masterabschlüsse sind so anzulegen, dass der Master neben der zusätzlichen wissenschaftlichen Qualifikation »als **weiterer** berufsqualifizierender Abschluss«[22] gilt;

- Masterabschlüsse müssen entweder überwiegend berufsqualifizierend oder überwiegend wissenschaftlich angelegt werden, wobei sich die Wissenschaftlichkeit vor allem in der höheren eigenständigen Problemlösungsfähigkeit erweisen soll;

- Masterabschlüsse können direkt im Anschluss an ein vorgängiges Bachelorstudium im gleichen Fachgebiet (oder nach einer Praxisphase) »konsekutiv« erworben werden oder auch »nicht-konsekutiv« in einem Masterstudium, das nicht zum vorher studierten Fach gehört oder gar keinen vorgängigen

. . . .

22 Ländergemeinsame Strukturvorgaben gemäß § 9 Abs. 2 HRG für die Akkreditierung von Bachelor- und Masterstudiengängen (Beschluss der Kultusministerkonferenz vom 10.10.2003 i. d. F. vom 22.09.2005). S.4. Im Internet unter: http://www.kmk.org/doc/beschl/BS_050922_Laendergemeinsame Strukturvorgaben.pdf

eigenen Bachelor kennt und mit anderen Bachelorabschlüssen zugänglich wird;

* Masterabschlüsse sollen direkt oder als berufsbegleitendes weiterbildendes Studium erworben werden können; d. h. man muss auch mit einem Fachhochschul-Bachelor im gleichen Fachgebiet zu einem Universitäts-Masterstudium und mit einem Fachhochschul-Master zur Promotion an einer Universität zugelassen werden (die Zulassung darf vom Erreichen bestimmter Noten aber nicht vom Besuch einer Hochschulart abhängig gemacht werden – eine Bestimmung, die viele Universitäten immer noch umgehen!).

Diese Bestimmungen sollen den deutschen Hochschulen für das 21. Jahrhundert, das von abnehmenden Geburtenzahlen geprägt sein wird, die Möglichkeiten zu einem ähnlichen Wettbewerb um Studierende eröffnen, wie er seit vielen Jahrzehnten in Großbritannien und Amerika und den meisten anderen Ländern der Welt schon herrscht. Es steht zu befürchten, dass die deutschen Hochschulen unter dem Einfluss des weiterhin herrschenden Uni-Bluffs diese Chance zur Differenzierung nicht nutzen, sondern alle nach den höchsten »wissenschaftlichen« Abstraktionsebenen und Forschungsmeriten streben werden. Doch wäre dem Hochschulsystem immer noch gedient, wenn sie wenigstens auf der Bachelor-Ebene das von der Bologna-Deklaration verpflichtend vorgegebene ECTS umsetzen würden.

European Credit Transfer System (ECTS) und Modularisierung

Auch die in der Bologna-Erklärung ebenfalls geforderte Modularisierung war geprägt vom englischen und amerikanischen Vorbild. Auf Grundlage der dort geübten Praxis wurde für Europa ein Modell entwickelt, das, wenn tatsächlich praktiziert, die deutsche Hochschullandschaft revolutionieren könnte.

Vor ECTS lief die Konstruktion eines neuen Curriculums, einer neuen Studienordnung, folgendermaßen ab: Die Professorinnen und Professoren überlegten sich jeweils, was sie aus ihrem

Gebiet für wichtig hielten. Dann versuchten sie, möglichst viel davon im Lehrplan unterzubringen. Das Ergebnis war in der Regel erstens eine völlige Überfrachtung der Ausbildung mit einer Stofffülle, von der unklar war, was sie mit der späteren Berufstätigkeit zu tun hatte. Zweitens bestand das Curriculum eigentlich aus einer Aneinanderreihung von so vielen Curricula wie es Professorinnen und Professoren gab. Denn alle hatten ihren Stoff und ihre Lehrziele untergebracht, die sie unverdrossen und ohne sich um die anderen zu kümmern, mehr schlecht als recht lehrten und abprüften.

Zwar ist nach der vom Bundesministerium für Bildung und Forschung finanzierten Langzeituntersuchung der Arbeitsgruppe Hochschulforschung an der Universität Konstanz die Lehre in Universitäten und Fachhochschulen seit 1983, dem Jahr der ersten Befragung, im Urteil der Studierenden deutlich besser geworden – allerdings mit einem erheblichen Vorsprung bei den Fachhochschulen.[23] Doch beklagen die Studierenden weiterhin sowohl an Fachhochschulen wie an Universitäten große Mängel in der Betreuung bei Prüfungen und sehen den mangelnden inneren Zusammenhang des Studiums, den fehlenden »roten Faden«, als Problem. Dabei gibt es durch all die Jahre sich kaum verändernde Unterschiede zwischen den Fächern: Desorientierung in den Sozial- und Erziehungswissenschaften (»bei zu geringer Anforderungshöhe und unklaren Zielen«) und Überforderung in der Rechtswissenschaft, der Medizin und Teilen der Wirtschafts- und Ingenieurwissenschaften (»bei hohen Anforderungen, aber wenig guter Strukturierung und Betreuung«).

Die Modularisierung nach den Vorgaben des »European Credit Transfer System« (ECTS) könnte hier einen grundlegenden Wandel hin zum Guten bewirken, wenn man sie denn so durchführen würde, wie sie gedacht ist. Die Modularisierung fordert von den Hochschulen nämlich eine völlig andere Denkweise. Nicht mehr die Lehre der Professorenschaft soll im Mittelpunkt stehen, son-

· ·

23 Vgl. Simeaner, Röhl, Bargel: Datenalmanach zum Studierendensurvey 1983–2004. Siehe Fußnote 1.

dern der Lernprozess der Studierenden. Diese kopernikanische Wende bedeutet, dass die Lehrenden nicht mehr überlegen, was sie denn Tolles lehren können, sondern was die Studierenden in ihrem späteren Beruf an Kompetenzen benötigen. Das Studium soll so konzipiert werden, dass diese Fähigkeiten und das für den Berufseinstieg notwendige Wissen (Wissen veraltet heute schnell) in der zur Verfügung stehenden Arbeitszeit der Studierenden erlernt werden können.

Kompetenzen sind komplexe Fähigkeiten zur Lösung sich wandelnder Probleme. Sie lassen sich nicht wie das Wissen sauber in Fachgebiete aufteilen. Deshalb müssen sich die Lehrenden unterschiedlicher Fächer zusammentun, etwa die Juristen und Psychologen, wenn sie beide an der Ausbildung einer bestimmten Kompetenz, etwa der Beratungskompetenz zukünftiger Rechtsanwälte oder Sozialarbeiter, beteiligt sind. Sie müssten ihre Lehrveranstaltungen aufeinander abstimmen und festlegen, welches Fach welche Anteile an der gemeinsamen Prüfung haben soll.

Dieses Programm umzusetzen, wäre für die deutschen Hochschulen eine kolossale Herausforderung. Die in viele souveräne Republiken (oder je nach Sichtweise: voneinander abgeschottete Schrebergärten) zerfallene Hochschule müsste lernen, als eine Institution mit einem gemeinsamen Ziel zu funktionieren. Die Professorinnen und Professoren müssten sich als Teile eines inhaltlich zusammenhängenden Ganzen, einer Produktionsstätte sinnvoller Kompetenzen, verstehen und untereinander abstimmen. Sie würden ansatzweise zu dem, was sie vom Namen her sein sollten: zur »universitas magistrorum et scholarium«, zur »Gemeinschaft der Lehrenden und Lernenden«.

Wenn der Lernprozess der Studierenden im Zentrum stünde, könnten die Professoren und Professorinnen nicht mehr so leicht in die luftigen Höhen des an der Forschung ausgerichteten Uni-Bluffs abheben. Sie müssten sich nämlich immer wieder versichern, ob das, was sie vermitteln wollen und sollen, auch angekommen ist. Mit diesem Konzept könnte man theoretisch die Situation an den deutschen Hochschulen erheblich verbessern.

Es bleibt aber weitgehend Theorie. Die Professorinnen und Professoren beharren mehrheitlich auf ihrem »Stoff« und versuchen das, was vorher in einem Diplomstudium beigebracht wurde, in ein Bachelorstudium zu packen. Anstatt sich mit den anderen Lehrenden zu inhaltlich zusammengehörigen Modulen mit einer gemeinsamen Prüfung zusammenzuschließen, erklärt beinahe jede Lehrperson ihre alten Veranstaltungen jeweils einzeln zum Modul, das separat abgeprüft werden muss, um Geltung zu bekommen. Daraus entstehen eine wachsende Anzahl von Prüfungen und bürokratischen Reglementierungen sowie eine hoffnungslose Überforderung der Studierenden. Die Studenten glauben, das Problem liege an der Idee der gestuften Studiengänge und an der Modularisierung selbst, und unterstützen die Professorenschaft in ihrem Kampf gegen die Einführung der gestuften Studiengänge. Dabei ist der Grund für die meisten Probleme bei der Einführung der gestuften Studiengänge und der Modularisierung nicht reformimmanent, sondern vielmehr im Widerstand der deutschen Professorenschaft, die Wende von der Lehre zum Lernen mitzumachen, zu suchen. Ihr Konservativismus, ihre einseitige Orientierung auf Forschung und ihr daraus resultierender Fachegoismus erzeugen eine unheilige Allianz. Statt einer grundlegenden Neuorientierung wird nur eine Reform der Bezeichnungen durchgeführt. Bologna ohne Bologna.

Nichtsdestotrotz: Ein Anfang ist gemacht.

Stärkung der Lehre

Die ungleichen, oft gegensätzlichen Folgen guter Forschung und guter Lehre stellen sich bei näherer Betrachtung des deutschen Hochschulwesens als der wohl eigentliche Grund dafür heraus, dass in Deutschland der Uni-Bluff weiter blüht und gedeiht. Dieses Ungleichgewicht wird durch gestufte Studiengänge und Modularisierung allerdings überhaupt nicht berührt. Wollte man gute Lehre so belohnen wie es mit guter Forschung geschieht, müsste man viel grundsätzlicher ansetzen.

Der erste Schritt wäre, Gerechtigkeit in der Lehre herzustellen. Gegenwärtig haben alle Professorinnen und Professoren einer

Hochschulart eine festgesetzte Anzahl von Lehrveranstaltungsstunden pro Semester zu leisten, gleichgültig ob in der Lehrveranstaltung zehn oder 100 Studierende sitzen, gleichgültig ob die Veranstaltung ein beliebtes Film-Seminar mit geringer Vorbereitungszeit und viel Film ist oder eine unbeliebte Jura-Vorlesung mit ständigen Veränderungen des Stoffes und darum viel Vorbereitungsarbeit und vielen Klausuren sowie Wiederholungsprüfungen am Schluss. Stunde ist Stunde. Das ist, als ob man im Betrieb oder auf dem Bau heute noch die Leute im Stundenlohn beschäftigen würde und sich dann beklagen wollte, dass sie zu langsam arbeiten, zu viele Pausen haben und sich die leichtesten Tätigkeiten aussuchen.

Die logische Alternative wäre, die Lehrstunde durch Lehrpunkte zu ersetzen, in die eine Vielzahl von Faktoren der Lehre eingehen, zum Beispiel die Anzahl Studierender in einer Lehrveranstaltung, ob es Klausuren gibt oder Hausarbeiten, ob der Stoff vorbereitungsintensiv oder immer derselbe ist. Wenn man dann wegen besonders guter Lehre und Betreuung einen großen Andrang von Studierenden hätte, würde sich das auf die Punkte auswirken und einen automatischen Ausgleich schaffen. Etwaige Guthaben auf dem Lehrkonto könnten periodisch zum Beispiel durch zusätzliche Forschungs- oder Praxissemester zur Vorbereitung noch besserer Lehre belohnt und ausgeglichen werden.

Auch wäre es denkbar, von den Lehrstunden als Planungs- und Berechnungsgröße ganz abzugehen und auf Betreuungsverhältnisse umzustellen. Eine Lehrperson würde in einem Semester die Verantwortung für den Lernerfolg einer Anzahl Studierender in bestimmen Modulen übernehmen. Die Lehrenden wären nicht auf Vorlesung, Seminar oder eine andere Form der Präsenzlehre festgelegt, deren Effektivität sowieso zweifelhaft ist, sondern könnten die Studierenden zu Eigenarbeit in Projekten oder anderen Lernformen anleiten. Sie müssten sie allerdings intensiv und problemorientiert betreuen. Denn nur diejenigen, die das Lernziel erreichen (gemessen in einem objektivierten Lernzuwachstest), würden ihnen als Betreuungsverhältnis auf ihr Konto gutgeschrieben werden. Das würde verhindern, dass sich die Lehrenden nur den guten Studierenden widmen und die anderen sich selbst überlassen bleiben.

Eine weitere Möglichkeit, die Asymmetrie zwischen Lehre und Forschung abzubauen, läge darin, Professorinnen und Professoren, die bei der Evaluation des Lernerfolgs der Studierenden am besten abgeschnitten haben, mit gut ausgestatteten Lehrforschungsprojekten zu belohnen. Darin sollten sie ihre eigenen erfolgreichen Lehrmethoden identifizieren, unter unterschiedlichen Bedingungen empirisch testen, verbessern und verallgemeinern. Die Ergebnisse solcher Lehrforschung sollten in den wissenschaftlichen Journalen des Faches zusammen mit den allgemeinen Ergebnissen der Fachforschung veröffentlicht werden. Damit könnte auch gute Lehre zur öffentlichen Reputation führen und könnte Vorbild und Anregung für andere Lehrende des Faches werden.

Solche Reformen könnten die Lehre aufwerten und die Atmosphäre an Universitäten und Hochschulen insgesamt ändern, die Notwendigkeit des Uni-Bluffs verringern und die inhaltliche, problemlösende Seite der Hochschulen stärken. Solche Reformen sind auch in Deutschland möglich, wenn man der Hochschulleitung Durchsetzungsmöglichkeiten gegen die Blockademehrheit der Professorenschaft an die Hand gibt.

Neue Leitungsstrukturen

Die neuen Leitungsstrukturen in den neuen Hochschulgesetzen der Länder schaffen diese Möglichkeiten. Natürlich haben Professoren und Professorinnen, ganze Fakultäten, beim Bundesverfassungsgericht dagegen geklagt, weil sie sich in ihrem Grundrecht der Freiheit von Lehre und Forschung beeinträchtigt sahen. Es ging ja auch tatsächlich um ihre Macht.

Das Bundesverfassungsgericht hat in einer epochemachenden Entscheidung[24] diese Klage zurückgewiesen und festgestellt,

. . . .

24 BVerfG, 1 BvR 911/00 vom 26.10.2004. Im Internet unter: http://www.bverfg.de/entscheidungen/rs20041026_1bvr091100.html

dass der Staat zwar »die Hochschulorganisation und damit auch die hochschulorganisatorische Willensbildung so zu regeln [hat], dass in der Hochschule freie Wissenschaft möglich ist und ungefährdet betrieben werden kann«, dass aber die Beteiligung der Professorenschaft an den Entscheidungen »kein Selbstzweck« sei. Vielmehr sei das Mitwirkungsrecht des einzelnen Professors »auf solche hochschulorganisatorischen Entscheidungen beschränkt, die seine eigene Freiheit, zu forschen und zu lehren, gefährden können.«[25]

Dann stellte das Bundesverfassungsgericht jedoch klar, dass die Hochschulen nicht der Professorenschaft gehören, sondern der Gesellschaft, repräsentiert durch den Gesetzgeber, und dass dieser »die unterschiedlichen Aufgaben der Wissenschaftseinrichtungen und die Interessen aller daran Beteiligten in Wahrnehmung seiner gesamtgesellschaftlichen Verantwortung in angemessenen Ausgleich« bringen müsse. Die Professorenschaft habe »spezielle Interessen«, die in Widerspruch geraten können mit der gesamtgesellschaftlichen Funktion der Hochschulen. Eine reine Selbstverwaltung durch die Professorenschaft wie in der Vergangenheit – und hier formuliert das Bundesverfassungsgericht die Erfahrung von 100 Jahren Hochschulpolitik – trage die »Gefahr der Verfestigung von Status-quo-Interessen« in sich. Daher sei der Gesetzgeber »sogar verpflichtet, bisherige Organisationsformen kritisch zu beobachten und zeitgemäß zu reformieren«[26]

Damit hat das Bundesverfassungsgericht die Tür geöffnet für eine nachhaltige, endlich wirkungsvolle Reform der Hochschulen, in der die Interessen der Gesellschaft, insbesondere der Lernenden, gegen die Sonderinteressen der Professorenschaft zur Sicherung ihrer Privilegien zur Geltung gebracht werden können.

· ·

25 Ebenda. Absatz-Nr. 156.
26 Ebenda. Absatz-Nr. 159.

Studienbeiträge zur Verbesserung der Lehre

Das Bundesverfassungsgericht hat 2005 in einer weiteren epochemachenden Entscheidung den Bundesländern die Möglichkeit eröffnet, Studiengebühren[27] einzuführen. Gleichzeitig hat es die Länder verpflichtet, dass sie »in eigenverantwortlicher Wahrnehmung der sie – nicht anders als den Bund – treffenden Aufgabe zu sozialstaatlicher, auf die Wahrung gleicher Bildungchancen bedachter Regelung bei einer Einführung von Studiengebühren den Belangen einkommensschwacher Bevölkerungskreise angemessen Rechnung tragen werden.«[28] Damit ist sichergestellt, dass Studiengebühren sozialverträglich sein müssen. Sollte sich herausstellen, dass sie tatsächlich zu einem weiteren Rückgang des Anteils der Studierenden aus sozial schwachen und »bildungsfernen« Elternhäusern führen (der Anteil ist in den letzten 20 Jahren trotz Gebührenfreiheit massiv zurückgegangen!), kann damit gerechnet werden, dass das Bundesverfassungsgericht die entsprechenden Gesetze als verfassungswidrig beanstanden und für nichtig erklären wird.

Die Hochschulrektorenkonferenz (HRK) hat bereits am 8. Juni 2004 in dem Beschluss »Zur zukünftigen Finanzierung der Hochschullehre« die ein halbes Jahr später vom Bundesverfassungsgericht eingeräumte Möglichkeit zur Erhebung von Studienbeiträgen gefordert und dabei als Bedingung festgelegt: »Die Einnahmen aus den Studienbeiträgen sollen den Charakter von ›Drittmitteln‹ für die Lehre haben. Sie sollen dazu dienen, Maßnahmen zur Steigerung der Qualität der Lehre zu finanzieren.«[29] Tatsächlich haben sich bisher alle Landesgesetze, in denen Studiengebühren oder Studienbeiträge eingeführt wurden, an diese Bedingung gehalten.

· ·

27 Das Bundesverfassungsgericht verwendet auch den Begriff »Studiengebühren«, obwohl es korrekter wäre, von »Studienbeiträgen« zu sprechen, da »Gebühren« eigentlich die gesamten Kosten abdecken sollten, was bei den tatsächlichen »Studiengebühren« aber nicht einmal annäherungsweise der Fall sein kann.

28 BVerfG, 2 BvF 1/03 vom 26.01.2005, Absatz-Nr. 72. Im Internet unter: http://www.bverfg.de/entscheidungen/fs20050126_2bvf000103.html

29 http://www.hrk.de/de/beschluesse/109_1876.php?datum=202.+Plenum+am+8.+Juni+2004

So schreibt zum Beispiel § 71 des Bayerischen Hochschulgesetzes in der Fassung vom 23. Mai 2006 vor: »Die Studienbeiträge dienen der Verbesserung der Studienbedingungen.«[30]

Mit diesen Mitteln könnte die Asymmetrie zwischen den Folgen von Reputationszuwachs in Forschung und Lehre überwunden, jedenfalls aber abgebaut werden. Damit wäre eine wesentliche Ursache des Uni-Bluffs ausgeschaltet. Es könnte an deutschen Hochschulen vorwärts gehen.

. . . .

30 § 6b, Abs. 9 Hamburgisches Hochschulgesetz: »Die Einnahmen aus den Studiengebühren nach den Absätzen 1 und 7 stehen den Hochschulen zusätzlich zur Wahrnehmung ihrer Aufgaben in Studium und Lehre zur Verfügung.« Und § 11, Abs. 5 des Niedersächsischen Hochschulgesetzes: »Die Einnahmen hat die Hochschule einzusetzen, um insbesondere das Betreuungsverhältnis zwischen Studierenden und Lehrenden zu verbessern, zusätzliche Tutorien anzubieten und die Ausstattung der Bibliotheken sowie der Lehr- und Laborräume zu verbessern.«

Fünftes Kapitel

Tipps für das Inhalts-
studium – wie genussvoll und effektiv
studieren

Bluff ist übertriebene Selbstdarstellung in einem Wettkampf um
Gewinn und Verlust. Man gibt sich größer, klüger, schöner, stärker,
selbstsicherer. Das Ziel: Die anderen so beeindrucken, dass sie sich
auf ein Kräftemessen gar nicht einlassen.

Bluff kommt auch bei Tieren vor. Wenn Tiere um ihr Revier,
ihre Position in der Rangfolge oder um Geschlechtspartner strei-
ten, plustern sie sich oft auf, um es nicht zu einem Kampf kommen
zu lassen. Wenn die Kampf- oder Werbesituation vorbei ist, werden
Tiere wieder normal. Sie plustern sich ab und machen sich unauf-
geplustert ans Jagen, Schlafen und Fressen. Behielten sie ihre Bluff-
Fassade bei, wären sie dazu kaum fähig.

Auch an Hochschulen gibt es Situationen, in denen der Bluff,
die möglichst positive, überzogene Selbstdarstellung, funktional
ist. In Prüfungen, bei Kongressen und der Präsentation von Forschungsprojekten zum Beispiel. Auch bei Bewerbungen ist die
überschüssige Selbstdarstellung angebracht, denn man muss davon ausgehen, dass sie von allen Mitbewerbern eingesetzt wird.
Sie würden sich selbst ins Hintertreffen bringen, würden Sie darauf
verzichten. Auch bei der »Gesichtspflege«, wenn es darum geht,
die Lehrenden zu beeindrucken, bei denen Sie später Prüfungen
ablegen wollen, müssen Sie möglichst punkten. In offiziellen und
formellen Situationen ist der Bluff an Hochschulen unvermeidbar
und will beherrscht sein.

Aber: In normalen Situationen muss man wieder normal werden. Das Problem beim Uni-Bluff ist, dass man ständig aufgeplustert bleibt, den Akademikerhabitus zur zweiten Natur werden lässt.
Dann steht man sich selbst im Weg, kann seine normale inhaltliche
problemlösende Arbeit nicht richtig erledigen und jagt anderen
Menschen Angst ein oder sendet Wettkampfsignale, auch in Situationen, in denen man das gar nicht will und es völlig unangebracht
ist, etwa beim Flirten oder Feiern. Wenn Bluff zur zweiten Natur

wird, hat das Studium bewirkt, dass man sich selbst verloren hat, dass man auf eine Art dysfunktional geworden ist.

Die andere Möglichkeit, sich zu verlieren, ist das sich Verzetteln, das ineffektive inhaltliche Studium, das Scheitern an den stofflichen Anforderungen, wenn man zum »ewigen Studenten« geworden ist und zwangsexmatrikuliert wird, weil man die Prüfungen nicht in einem bestimmten Zeitraum abgelegt hat.

Die Frage »Wie studieren und sich nicht verlieren?« beinhaltet demnach zwei sehr unterschiedliche Aspekte, die sich jeweils dem Inhaltsstudium und dem Aufstiegsstudium zuordnen lassen. Für das Inhaltsstudium lautet die Frage: Wie möglichst genussvoll und effektiv studieren? Für das Aufstiegsstudium stellt sich dagegen die Frage: Wie bluffen, ohne sich selbst zu bluffen?

Der Bluff ist das Marketing der Wissenschaft. Sie können es übertreiben. Dann wird Ihr inhaltliches Studium darunter leiden. Wer aus moralischen Gründen auf Marketing ganz verzichtet, darf sich nicht wundern, wenn andere die besseren Noten, die besseren Verlage, Stellen und Stipendien absahnen. Dann haben Sie in Ihrem Aufstiegsstudium versagt.

Ohne jedes Bluffen geht es also nicht. Entscheidend ist dann die Frage: Was ist die angemessene Marketingstrategie? Oder: Wie bluffen, ohne sich selbst zu bluffen? Denn das hat die Analyse gezeigt: Mit dem Bluff isoliert man sich, setzt man sich selbst und andere unter erhöhten Anforderungsdruck, kann sich weniger leicht mit unbefangener Neugier einem Stoff nähern und droht in der bekannten Langeweile auf hohem Niveau zu enden. Wenn Sie diese Gefahren vermeiden, sich nicht selbst bluffen wollen, können Sie den Unterschied zwischen Inhalts- und Aufstiegsstudium konsequent nutzen. Der Bluff, das Marketing, sollte nur in den Prüfungs- und Bewerbungsphasen zum Einsatz kommen. Davor können Sie alles daran setzen, das Inhaltsstudium vom Aufstiegstudium zu trennen.

Wie genussvoll studieren?

Wenn Sie genussvoll studieren wollen, bedeutet das: viel und intensive Arbeit. Sie müssen sich auf den Stoff einlassen, ihn in seinen Verästelungen erfassen, seine innere Logik, sein Konstruktionsprinzip zu verstehen suchen, seine Widersprüche begreifen und seine Auswirkungen auf andere Gebiete erahnen. Oft ist das ein Kampf. Und manchmal verliert man. Doch wenn Sie siegen im Kampf um das Begreifen des Stoffes, kann Sie auf diesem Gebiet niemand bluffen. Angstfreies, selbstbewusstes Arbeiten, ja sogar Glück, als völliges Aufgehen im Stoff, wird möglich. Jedes Thema, jeder Stoff wird zum Genuss, wenn man sich lange genug damit beschäftigt.

Das habe ich erlebt, als ich am Beginn meines Studiums das Große Latinum nachholen musste. Man brauchte es damals noch in beinahe allen Fächern. Zum Studium selbst war es in der Regel unnötig. Es war ein bildungsbürgerlicher Zopf, der abgeschafft gehörte. Darum hasste ich Latein, und Latein hasste mich, so schien es mir. Schon in der Schule war ich daran gescheitert. Nun quälte ich mich an der Hochschule erneut mit schlechten Noten und fühlte mich wieder wie in der Schule. Dann, ein halbes Jahr vor der Prüfung, setzte ich mich hin und lernte jeden Tag acht bis zehn Stunden lang Latein, übersetzte Tag für Tag immer schwierigere lateinische Texte. Und mehr und mehr verspürte ich einen Genuss dabei. Es war wie Kreuzworträtsel lösen. Es machte Spaß, die besonders kniffeligen, verschachtelten Sätze aufzudröseln. Es war eine Herausforderung, und ich bewältigte sie.

Wie ist im Inhaltsstudium Glück zu erreichen?

Der US-amerikanische Psychologe Mihaly Csikszentmihalyi (gesprochen: Michaji Tschick Sent Michaji) berichtete in den 1990er Jahren von seinen Forschungen zum Glück.[31] Er hatte die Frage ge-

. . . .

31 Mihaly Csikszentmihalyi: Flow. Das Geheimnis des Glücks. Übersetzt von Annette Charpentier. Stuttgart 1992.

118

stellt: Wann sind Menschen glücklich? Was bedarf es, damit sich das Glücksgefühl einstellt?

Glück definierte er als einen Zustand, in dem man jedes Gefühl für Zeit verliert und ganz und gar in der Situation aufgeht. Er nannte es »Flow«, nach dem englischen Wort für das »Fließen«, und meinte damit das Gefühl, für dessen Vermeidung sich Faust an den Teufel verkaufte: »Werd' ich zum Augenblicke sagen: / Verweile doch! du bist so schön! / Dann magst du mich in Fesseln schlagen, / dann will ich gern zugrunde gehn!«[32] Am Schluss wollte Faust die ideale Glücksgesellschaft aufbauen und definierte sie so: »Zum Augenblicke dürft' ich sagen: / Verweile doch, du bist so schön!«[33]

Um herauszufinden, wie Glück entsteht, gab Csikszentmihalyi Menschen in unterschiedlichen Kulturen und Lebensumständen kleine Fragebögen, auf denen sie angeben sollten, was sie gerade taten, wo sie sich befanden und wie sie sich fühlten, wie ihr Zeitgefühl gerade war. Er konnte sie zu willkürlichen Zeitpunkten anpiepsen, und dann mussten sie den Fragebogen ausfüllen. Dabei stellte sich heraus, dass sich das Glücksgefühl selten dann einstellt, wenn wir es erwarten: im Urlaub, am Wochenende, auf der Party. Stattdessen fand es in Situationen statt, in denen die Probanden einer Tätigkeit nachgingen, die sie voll forderte, sogar leicht überforderte, in der sie aber meist Erfolgserlebnisse hatten. Ist man unterfordert, verfällt man schnell in Langeweile. Ist man überfordert, verfällt man in eine Depression, besonders dann, wenn die Erfolgskriterien unklar sind. Dazwischen liegt der Glückskorridor, die richtige Mischung aus Forderung und Unterforderung. Diese gilt es im Studium zu finden und zu halten. Dann kann das Studium zum Genuss werden mit vielen Momenten des »Flows«, des Glücksgefühls bei einer inhaltlich klaren und fordernden Aufgabe.

· ·

32   Goethe: Faust. 1. Teil, v. 1699–1702.
33   Goethe: Faust. 2. Teil, 5. Akt, v. 11581 f.

Drei Grundprinzipien des Inhaltsstudiums: Wie wissenschaftliches Arbeiten Spaß machen kann

Erstens – den Respekt vor der Wissenschaft verlieren Eine besonders schwer zu überwindende Folge des Uni-Bluffs in den ersten Semestern ist der übermäßige Respekt vor der Wissenschaft. Die unbekannten Worte, die verschachtelten Sätze, die verqueren Formulierungen machen es schwer, Texte zu verstehen. Oft ist alles so kompliziert, dass Sie nicht einmal verstehen, um welches Problem es bei dem Text geht.

Darum sollten Sie, wenn Sie mit einem neuen Thema oder einer neuen Fragestellung beginnen, sich nicht zuerst auf die vorhandene wissenschaftliche Literatur stürzen. Die verdirbt Ihnen möglicherweise alle Lust auf das Thema und alles Interesse an der Fragestellung. Sie sollten sich stattdessen zuerst auf sich selbst besinnen und herausfinden, was Sie selbst bereits zum Thema und der Fragestellung wissen und denken. Nutzen Sie dazu eine der chaotisch-kreativen Methoden wie »Mind-Map« oder »Brainstorming«. Die Ergebnisse können Sie dann ordnen und auf Zusammenhänge hin untersuchen. Wenn es Ihr Material hergibt, lassen sich sogar erste Thesen und Fragen formulieren. Das hat den Vorteil, dass Sie der ansonsten überwältigenden Literatur schon mit einer eigenen Position und Fragestellung entgegentreten. Sie merken dann beim Lesen an den Veränderungen Ihres Denkens, ob und was Sie dazugelernt haben.

Der Einschüchterung beim Lesen von wissenschaftlicher Literatur kann man am besten entgegenwirken, indem man sich klar macht, dass die Texte oft so schwer verständlich sind, weil beim Schreiben nur an die Forschungselite gedacht wurde, die über die Reputation des Faches entscheidet, nicht jedoch an die Lernenden. Das geht so weit, dass sogar Lehrbücher, die eigentlich für Studierende geschrieben sein sollten, mit Blick auf das mögliche kritische Urteil der Größen des Faches verfasst wurden. So entstehen die Ihnen sattsam bekannten Texte: unnötig kompliziert geschrieben, allumfassend im Anspruch und viel zu detailliert und verwirrend in der Ausführung. Man wollte ein Jahrhundertwerk schreiben und kein verständliches und leicht handhabbares Lehrbuch, wie sie in England oder den USA die Norm sind und zu Millionenbestsellern werden. In Deutschland ist ein wissenschaftliches Buch, das sich gut verkauft, zutiefst suspekt.

Ein weiterer Grund für die Unzugänglichkeit vieler wissenschaftlicher Texte ist, dass die Lehrenden häufig vergessen, wie viele Jahre es sie gekostet hat, sich all das Wissen anzueignen, das sie nun in ihren Lehrveranstaltungen und Schriften als selbstverständlich voraussetzen und nicht mehr erklären. All das trägt dazu bei, dass die einführenden Lehrbücher und wissenschaftlichen Texte in den Veranstaltungen der ersten Semester häufig zu schwierig und zu umfassend sind.

Wenn Sie sich das vor Augen führen, brauchen Sie sich nicht mehr selbst die ganze Schuld daran zu geben, wenn Sie einen Text nicht gleich verstehen. Die besonders unverständlichen Passagen, die auch gar nicht verstanden werden sollen, können Sie getrost überspringen und sich verständlicheren Textteilen zuwenden. Meist erschließen sich die unverständlichen Teile dann aus dem Zusammenhang.

Ein gutes Mittel, um einen zu großen Respekt vor der Wissenschaft abzubauen, ist es, sich auf Anfang und Ende des Textes zu konzentrieren, wo in der Regel Absicht (Anfang) und Ergebnis (Ende) formuliert sind. Dort können Sie sich Zeit lassen und mit Fremdwörterbuch und Internet jedes einzelne Fremdwort und seinen Zusammenhang erforschen und jeden einzelnen Satz aufschlüsseln, bis Sie das wesentliche Ergebnis und den Problemzusammenhang des Textes verstanden haben. Sie werden häufig merken, dass Sie beim Auslassen des größten Teils des Textes nichts versäumen. Manchmal stellt sich heraus, dass die eigentliche Aussage des Textes ziemlich banal ist und viel einfacher und verständlicher hätte formuliert werden können. Dann haben Sie ein Beispiel für den Uni-Bluff gefunden. Vielleicht legen Sie eine Sammlung an und prämieren die unverständlichsten Fundstücke. Jedenfalls dürfte es Ihnen helfen, Ihren möglicherweise übertriebenen Respekt vor der Wissenschaft abzubauen.

Zweitens – die wissenschaftliche Arbeit in ein Handwerk verwandeln Gerade in den ersten Semestern fällt wissenschaftliches Arbeiten besonders schwer. Die Texte sind oft schwer zugänglich und umständlich, weil man sich noch nicht an die Wissenschaftssprache gewöhnt hat. Darum benötigen Sie zum Studieren am Anfang eine besondere Disziplin. Man wird schnell müde und lässt sich durch jede noch so kleine Störung ablenken. Ständig fallen einem »wichtige« Dinge ein, die zu erledigen sind. Am Schreibtisch sind Sie versucht, von Gebiet zu Gebiet, von Buch zu Buch zu springen. Alles erscheint wichtig. Und irgendwie finden Sie keinen Zugang. Sie wollen den hohen Ansprüchen genügen und wissen nicht wie. Sie geraten in eine höchst widersprüchliche Haltung von gleichzeitiger Anstrengung und Leere, Konzentration und Verwirrung – die Arbeitsschwierigkeiten sind da.

Dagegen hilft am besten, die wissenschaftliche Arbeit in ein Handwerk zu verwandeln.

Der erste Schritt dazu besteht darin, sich wie ein Handwerker feste, gut handhabbare Arbeitszeiten einzurichten, mit regelmäßigen kleinen Pausen, einer großen Mittagspause und frühzeitigem Feierabend. Überstunden müssen die Ausnahme sein und werden extra belohnt.

Der zweite Schritt besteht darin, die tatsächlich handwerkliche Seite des wissenschaftlichen Arbeitens in den Vordergrund zu stellen. Sie brauchen keine genialen Erkenntnisse und Gedanken zu produzieren. Sie suchen Literatur. Sie legen Dateien an. Sie downloaden und ordnen Texte und Dokumente. Sie legen ein Literaturverzeichnis an und pflegen es. Sie schreiben Exzerpte, Zusammenfassungen von Texten, die für Ihr Studium oder Ihre Hausarbeit wichtig sein könnten. Sie entwickeln oder erlernen eine Datenbank, in der Sie diese Texte speichern und die Ihnen das Wiederfinden und Auswerten nach unterschiedlichen Gesichtspunkten mit schnellem Zugriff erlaubt. Sie arbeiten Ihre Mitschriften in das System ein und pflegen es. Sie schreiben provisorische Texte, kombinieren Sie mit den heruntergeladenen Dateien, Ihren Mitschriften und den Exzerpten zu ersten eigenen thematischen Schwerpunkten. All das ist handwerkliche Arbeit. Erst das Schreiben Ihrer Haus- oder Abschlussarbeit geht über das Handwerkliche hinaus. Dann wird es wissenschaftlich. Bis dahin können Sie geistige Arbeit als handwerkliche betreiben.

Auch in dieser letzten Phase sollten Sie sich nicht allein von der scheinbaren Wichtigkeit der Aufgaben bestimmen lassen, sondern von handwerklichen Aspekten. Sie sollten sich eher nach der Erreichbarkeit der Literatur oder nach den Öffnungszeiten der Bibliothek richten und beim Bearbeiten versuchen, einfache und schwierige Texte zu mischen, weil Sie sonst vor lauter schwierigen Texten wie vor einer abschreckenden Steilwand stehen.

Drittens – sich Erfolgserlebnisse verschaffen Ein zentrales Problem beim wissenschaftlichen Arbeiten sind die seltenen Erfolgserlebnisse. Die Texte sind sperrig, widersprechen sich häufig und liefern keine eindeutigen Ergebnisse. In einen Zustand des »Flows«, des Glücks, gerät man nur, wenn bei der Tätigkeit erkennbare Erfolge nach klaren Regeln überwiegen. In vielen Fächern ist beides vom Fach und vom Studium nicht zu haben. Also muss man sich die klaren Regeln und die Erfolgserlebnisse selbst organisieren.

Das größte Problem dabei ist, den eigenen Fortschritt abzuschätzen. Beim Arbeiten im Garten z. B. ist das ganz anders: Wenn man ein Stück Land umzugraben hat, sieht man mit jedem Spatenstich, was man erreicht hat und was noch vor einem liegt. Bei wissenschaftlicher Arbeit ist das anders: Was man zurückgelegt hat, erscheint ungewiss und kaum bemerkenswert, was vor einem liegt, unendlich und kaum überschaubar.

Dagegen habe ich die Strategie entwickelt, die handwerklich organisierte Gesamtaufgabe in bewältigbare Stücke aufzuteilen und mich dafür zu belohnen, wenn ich diese schaffe. So denken Sie nicht an die insgesamt zu leistende Arbeit, sondern nur an das Stück für den jeweiligen Tag. Wichtiger aber noch: Sie nehmen sich bewusst für den Tag weniger vor als das, was Sie ohne große Anstrengungen schaffen können. Sie erreichen so beinahe immer Ihr Ziel, oft sogar noch mehr. Dafür können Sie sich belohnen. Sie gehen in der Mittagspause in einen Buchladen und schauen sich

Kunstbände an oder gehen spazieren. Nachmittags belohnen Sie sich mit einer ausführlichen Kaffeepause und abends mit dem Feierabend. Wenn Sie Überstunden gemacht haben, gibt es eine extra Belohnung oder Sie feiern sie ab mit einem freien Tag.

Die Leistungsmaßstäbe, die Sie an Ihre Vorsätze und Erfolge anlegen, sollten Sie aus der Verwandlung von geistiger Arbeit in Hand-Arbeit entwickeln, also nicht »ein wichtiges Problem lösen«, sondern »20 Dateien produzieren« oder »3 Titel unterpflügen« oder »5 Stunden an der Arbeit bleiben« oder »3 Seiten des ersten Text-entwurfes schreiben«. Das sind alles Arbeitskriterien wie beim Um-graben im Garten: Ich sehe, was ich geleistet habe, und weiß ge-nau, was ich noch vor mir habe. Auf diese Art können Sie selbst die Voraussetzungen für »Flow«, für Glück und Genuss, im Studium schaffen und viele potentielle Hindernisse, die Ihnen der Uni-Bluff in den Weg legt, überwinden.

Die wissenschaftliche Grundhaltung beim Inhalts-studium: Misstrauen – und der Umgang damit

Die Grundhaltung der Forschung ist das Misstrauen, die kri-tische Haltung gegenüber sich selbst und anderen, erst recht na-türlich gegenüber der Konkurrenz. Die Grundhaltung der Lehre ist umgekehrt: das Vertrauen in die Fähigkeiten der Lernenden und das Bestärken dieser Fähigkeiten. Diese unterschiedlichen Einstel-lungen sind ein weiterer Grund für die lernfeindliche Atmosphäre an deutschen Hochschulen, die so einseitig auf Forschung gepolt sind.

Es gibt gute Gründe für diese Grundhaltung der Forschung. Nur zu leicht fällt man auf sich selbst herein. Man ist von seiner ei-genen Theorie fasziniert und sieht gar nicht mehr, was ihr wider-sprechen könnte. Oder sie hat sich so verselbständigt, dass man keinen Anlass hat, daran zu zweifeln. Oder man hat sich auf Details spezialisiert und denkt über ihre Grundlagen gar nicht mehr nach. Die Wissenschaftsgeschichte ist voll von Selbsttäuschungen und lang andauernden Irrtümern, die aus heutiger Sicht unerhört und unverständlich erscheinen. Doch immer gab es für die Beteiligten gute Gründe. Der wichtigste ist das wunschbestimmte Denken und die wunschbestimmte Wahrnehmung.

Sie kennen das wahrscheinlich. Sie haben einen Text geschrieben und ihn mehrfach durchgelesen. Dann macht sie jemand auf einen eklatanten Fehler aufmerksam, den sie immer wieder übersehen haben. Das liegt daran, dass wir dazu neigen, das zu lesen, was wir vorhatten zu schreiben, und nicht das, was wir tatsächlich geschrieben haben. Man ist in seinen Text verliebt und sieht nicht mehr, wie er wirklich ist.

Deshalb haben die experimentellen und empirischen Wissenschaften das so genannte »Doppelblindverfahren« entwickelt. Wenn man zum Beispiel die Wirksamkeit eines Kopfschmerzmittels testen will, gibt man Testpersonen gleich aussehende Pillen, von denen die Hälfte keine wirksame Substanz enthält (ein so genanntes Placebo). Die erste Blindheit besteht darin, dass die Testpersonen nicht wissen, ob sie nun das wirksame Präparat oder das Placebo erhalten haben. Meist lässt bei beiden Gruppen der Kopfschmerz zuerst nach. Das nennt man den Placebo-Effekt: Der Glaube versetzt Berge – nicht nur in der Medizin, sondern auch sonst im Leben. Er lässt einen Dinge sehen und wissen, die sich ein Ungläubiger kaum vorstellen kann. Die zweite der doppelten Blindheit besteht darin, dass auch der Wissenschaftler, der die Gruppenmitglieder auf die Wirkung des Mittels untersucht, nicht wissen darf, wer ein Placebo und wer das zu untersuchende Mittel erhalten hat. Erst in der Schlussauswertung werden die Daten über die Zugehörigkeit zu den Gruppen mit den Ergebnissen zusammengeführt.

Damit auch wirklich niemand die Ergebnisse unwissentlich beeinflussen kann, wird die Codierung, wer wohin gehört, mit allen möglichen Mitteln geheim gehalten, weggeschlossen oder sogar in einem versiegelten Umschlag für alle sichtbar an die Decke geklebt, bis sie zur Schlussauswertung freigegeben wird. Solches Misstrauen gegen sich selbst und andere ist in allen wissenschaftlichen Zusammenhängen angebracht.

Eine wissenschaftliche Grundhaltung beim Lesen und Zuhören prüft daher routiniert, was gegen das Gehörte oder Gelesene

sprechen könnte, überprüft das eben Ausgesagte auf Widerspruchs-
freiheit zu den vorherigen Aussagen und zur inneren Logik der
ganzen Ausführungen, sucht beständig nach Gegenbeispielen.
Diese Grundeinstellung ist durchaus keine »unfreundliche«
Einstellung. Sie ist eben wissenschaftlich. Und wenn sich keine Einwände finden lassen, kann sie Begeisterung und hohes Lob zur
Folge haben.

Sie kann aber für jemanden, der nicht daran gewöhnt ist, zur
emotionalen Belastung werden, sowohl für die Ausübenden wie
für die Erleidenden. In Deutschland, wo Kritik stärker als in anderen Kulturen gefördert wird (wo sonst gibt es die Auffassung: Nicht
kritisiert ist Lob genug?), wo Kritik als Zeichen von Intelligenz gilt,
verselbständigt sich diese kritische Grundhaltung nur zu leicht
und wird zur arrogant-zynischen Bluff-Fassade, die auf alles und
alle herunterschaut und nur noch abwertet. Solch ein Gehabe kann
zeitweise genussvoll sein, doch auf die Dauer zerstört es normale,
wertschätzende und respektvolle Kommunikation zwischen Gleichberechtigten und legt einen auf permanente Hahnenkämpfe fest.

Darum sollten Sie sich bei aller kritischer Grundhaltung angewöhnen, immer zugleich nach den stimmigen und guten Seiten
des Gelesenen oder Gehörten zu schauen und diese zuerst her-
vorzuheben, bevor Sie sich zu den kritischen Punkten äußern und
dabei Ihre Kritik als Ihre Wahrnehmung und nicht als Gottesurteil
formulieren. In England und Amerika gehört dies zu den guten
wissenschaftlichen Umgangsformen. Wir könnten sie uns als Regeln des »Feedbacks« angewöhnen.[34]

· ·

34 Im Internet und in Bibliotheken finden Sie eine Flut von Literatur. Wichtig ist vor allem, dass Sie kein
unerbetenes Feedback geben, dass Ihr Feedback konkret und nicht allgemein, pauschalisierend ist,
dass es als Ihre Meinung kenntlich gemacht ist und eher die Stärken stützt im Sinne von »Was ist gut
und kann noch besser werden?«.

Über die Bedeutung des Fragens

Wenn in einem Test zwei Gruppen den gleichen Text vorgelegt bekommen, und die eine Gruppe die Anweisung erhält, alles zu lesen und zu behalten, die andere Gruppe dagegen aufgefordert wird, nur nach der Antwort auf eine bestimmte Frage zu suchen, behält und versteht die zweite Gruppe regelmäßig mehr von dem Text als die erste.

Dieses Ergebnis sollten Sie klug nutzen und sich einprägen: Fragen, fragen, fragen – das ist das Wichtigste beim Inhaltsstudium.

Ohne Frage wird jeder Stoff uferlos. Die Frage ist wie der Spieß, der durch den Stoffberg sticht und alle seine Schichten berührt und aufreiht. Sie brauchen eine Frage zum Hören. Sie brauchen eine Frage zum Lesen. Und vor allem brauchen Sie eine Frage zum Schreiben.

Wissenschaft ist im Grunde nichts anderes als eine möglichst überzeugende Argumentation bei der Beantwortung von Fragestellungen.

Wichtige Fragen beim Lesen und Zuhören

Beim Zuhören macht das Fragen den Unterschied zwischen passivem und aktivem Zuhören. Es ist wie bei dem obigen Test beim Lesen eines Textes. Mit Fragen ordnet sich das Gehörte, man begreift und behält es besser. Man lässt sich nicht passiv berieseln, sondern gestaltet den Prozess des Zuhörens von sich aus als eigene Aktivität.

Wichtige Fragen an einen gesprochenen oder gelesenen Text sind: Warum wird das überhaupt geschrieben oder gesagt? Welche Frage versucht der oder die Vortragende selbst zu beantworten? Welches Problem soll gelöst werden? Wogegen wendet sich der oder die Vortragende? Wofür tritt er oder sie ein? Was soll bewiesen, was widerlegt werden?

Mit diesen Fragen versuchen Sie den inneren Kern des Textes herauszufinden, von dem aus sich die Einzelteile logisch ableiten lassen. Wenn Sie den erfasst haben, brauchen Sie sich vom Text nicht mehr viel zu merken. Sie können beinahe alles von diesem Kern herleiten.

Dann können Sie fragen: Welche logischen Schritte unternimmt der oder die Vortragende, um die gestellte Frage zu beantworten? Wenn Sie ein optischer Lerntyp sind, sollten Sie den Gang der Argumentation in logischen Ablaufschemata als Entscheidungsdiagramme wie bei einem Algorithmus aufzeichnen.

Dann erst sollten Sie kritische Fragen stellen: Leuchtet mir das Gesagte ein? Sind die Argumente stimmig und logisch schlüssig? Fallen mir Gegenargumente ein? Oder weiß ich von Beispielen, für die die Argumente nicht gelten?

Daraus können Sie Fragen entwickeln, die Sie in die anschließende Diskussion einbringen. Damit erreichen Sie nicht nur einen inhaltlichen Lernfortschritt. Sie können auch Punkte im Aufstiegsstudium machen.

Wie bei Vorlesungen und Seminaren mitschreiben?

Das Mitschreiben hat vor allem eine Gedächtnisfunktion. Unser Gehirn speichert etwas Gehörtes in sein Kurzzeitgedächtnis, wo es schnell wieder verlorengeht, wenn es nicht für ein herausragend emotionales Erlebnis steht. Da solche Erlebnisse im Studium eher selten sind, müssen Sie besondere Techniken anwenden, um Gehörtes für das Inhaltsstudium sinnvoll zu verarbeiten.

Wenn das Gehörte kurz nach der Speicherung erneut aktiviert und in eigenen Worten formuliert und aufgeschrieben wird, landet es in mehreren Hirnregionen zugleich, wird damit mehrfach verknüpft und erstmals in die physische Hirnstruktur eingebaut. Besonders wenn Sie es mit Hilfe der obigen Fragen in einen Bedeutungszusammenhang eingeordnet, den inneren Kern verstanden haben, können Sie das Gehörte immer wieder rekonstruieren, weil es im Langzeitgedächtnis verankert ist. Dort wird es fixiert und zum jederzeit abrufbaren Stoff, wenn Sie es in den folgenden Tagen noch einmal neu ordnen und sich vergegenwärtigen.

Von Vorlesungen und Seminaren sollten Sie daher Protokolle erstellen, zuerst Verlaufsprotokolle beim Mitschreiben, die Sie spä-

128

ter für Ihr Langzeitgedächtnis und Ihre Unterlagen in Ergebnisprotokolle verwandeln.

»Richtige«, d. h. formelle Protokolle von Sitzungen[35] müssen einige Angaben enthalten, die Sie sich für Ihr privates Protokoll der Vorlesung oder des Seminars sparen können. Ihr »Übungsprotokoll« muss die »wesentlichen« Argumente und Diskussionen und die Ergebnisse festhalten. Wichtig ist, dass Sie üben, den inhaltlich-logischen Gang der Argumentation zu erfassen.

Aus der Mitschrift Ihres Verlaufsprotokolls können Sie mit etwas Abstand ein Ergebnisprotokoll entwickeln, in dem nur noch die wesentlichen Ergebnisse der Sitzung festgehalten werden. Damit haben Sie die Hirnphysiologie bei der Entwicklung Ihres Langzeitgedächtnisses optimal genutzt und gleichzeitig übersichtliche

35 Tipps zum Erstellen von Protokollen:
Klären Sie zuerst, ob Sie ein Ergebnisprotokoll oder ein Verlaufsprotokoll anfertigen sollen.
Bei beiden müssen Sie angeben: Institution, Veranstaltung, Datum, Anwesende (bzw. Anwesenheitsliste), Beginn und Ende der Sitzung, Tagesordnungspunkte. Name und Unterschrift des Protokollanten oder der Protokollantin.
Ein Ergebnisprotokoll führt neben den Tagesordnungspunkten die Anträge, die Abstimmungsergebnisse und Beschlüsse auf.
Ein Verlaufsprotokoll muss zusätzlich die »wesentlichen« Ereignisse, Diskussionsbeiträge wiedergeben, sodass man einen korrekten Eindruck vom Verlauf der Sitzung bekommt. Was »wesentlich« ist, muss man selbst entscheiden. Wenn Sie ein Verlaufsprotokoll von wichtigen Gremiensitzungen schreiben müssen, sollten sie Folgendes beachten:
1. Wenn den Argumenten Namen zugeordnet werden müssen und Sie nicht alle Namen kennen, fertigen Sie sich vor dem Beginn der Sitzung anhand der Anwesenheitsliste einen Sitzplan mit den Namen der Beteiligten an.
2. Schreiben Sie viel mehr mit als Sie für eine Mitschrift einer Vorlesung oder eines Vortrages aufschreiben würden. Manchmal stellt sich erst im Nachhinein heraus, dass etwas wichtig war, was anfangs unwesentlich erschien. Weglassen ist einfacher als das Auffinden verlorener Argumente.
3. Schreiben sie das Protokoll so bald wie möglich nach dem Ende der Sitzung, damit Sie noch im Ohr haben, was gesagt wurde.
4. Seien sich sich im Klaren: Mit Protokollen macht man Politik. Sie halten die »Wahrheit« über die Sitzung fest, auf die man sich später – auch vor Gericht – berufen wird. Es ist eine große Verantwortung. Seien Sie maßvoll und vorsichtig in den Formulierungen. Geben Sie die Äußerungen lieber höflicher und vorsichtiger wieder, als sie zu übersteigern.
5. Gliedern Sie das Protokoll optisch und inhaltlich sehr deutlich nach der Tagesordnung und nach den logischen Schritten im Ablauf.

Seminarunterlagen erstellt, in denen Sie ein Leben lang erlernte Inhalte schnell wiederfinden.

Das Erstellen einer größeren schriftlichen oder künstlerischen Arbeit

Größere Arbeiten sind wichtige Meilensteine – oft die Abschlussarbeit – im Aufstiegsstudium. Die eigentliche Anstrengung gilt daher der guten Note. Zugleich bieten solche großen Arbeiten aber einen Freiraum für das Inhaltsstudium, selbst dann wenn das Thema eng vorgegeben ist. Denn für solche Arbeiten ist im Studienablauf ein wenig reglementierter Zeitraum vorgesehen, den Sie für einen weitgehend selbstbestimmten, genussvollen Lernprozess nutzen können. Dabei können Sie ansatzweise das verwirklichen, was Humboldt mit seiner Universitätsreform im 19. Jahrhundert erreichen wollte, nämlich, dass die Wissenschaftler in Einsamkeit, da selbstbestimmt, und Freiheit, da frei von äußeren Erwartungen, sich ganz dem Stoff widmen können.

Dazu müssen Sie jedoch zuerst klären, wie groß Ihr Spielraum tatsächlich ist.

Künstlerische und wissenschaftliche Arbeiten haben mehr gemeinsam als man denkt. Denn die Konstruktion eines Hauses in der Architektur oder das Erstellen eines Kunstwerks ist ein genauso differenzierter, langfristig zu planender Prozess, der in immer wieder zu überprüfenden und dabei zu optimierenden Schritten und Phasen erfolgt. Auch das Schreiben eines Buches wie das vorliegende folgt den gleichen Regeln, mit dem Unterschied, dass man dabei noch unter größerem Druck steht, weil einem die späteren Leser und Leserinnen noch weniger bekannt sind als bei einer Hausarbeit oder Abschlussarbeit an der Hochschule.

Zuerst: Rahmenbedingungen für das Inhaltsstudium klären

Bevor Sie in die Sprechstunde der Professorin oder des Professors gehen, bei dem Sie Ihre Arbeit einreichen wollen oder müssen, sollten Sie sammeln, was Sie an dem möglichen Thema interessiert, was Sie erstaunlich finden, was Sie selbst gerne herausfinden wollen, welche Fragestellung sie bearbeiten wollen. Auch können Sie – assoziativ und ohne Anspruch – erste Vermutungen aufschreiben, was eine mögliche Antwort auf die Fragestellung sein könnte oder auf welchem Weg vielleicht eine Antwort zu finden wäre.

Das kann dann die Fragestellung und Hypothese sein, die Sie in der Vorbesprechung mit der Lehrperson, die Ihre Arbeit betreut, vorschlagen können. Oft ist die Fragestellung zu allgemein und die Hypothese längst erschöpfend bearbeitet, widerlegt oder nicht bearbeitbar, weil es zu wenig oder zu viel Literatur und Material gibt. Aber so haben Sie wenigstens Ihre Chance genutzt, Ihr Interesse einzubringen. Und vielleicht haben Sie Glück und können große Teile der Arbeit selbst bestimmen.

Damit Sie sich dabei nicht von den Anforderungen des Aufstiegsstudiums allzu weit entfernen, sollten Sie frühzeitig und im Zweifel immer wieder die von der Institution gestellten Anforderungen mit Ihrem Betreuer oder Ihrer Betreuerin klären.

Auch wenn es in Ihrem Fach eindeutige Regeln für die Erstellung einer größeren Arbeit gibt, sollten Sie nachfragen, ob Ihre Betreuerin oder Ihr Betreuer darüber hinausgehende Wünsche an eine Arbeit hat. Zum Beispiel sollten Sie klären, wie er oder sie es mit dem »Ich« hält. Manche Professoren und deutlich weniger Professorinnen halten es nämlich für unwissenschaftlich, weil subjektiv, in einer wissenschaftlichen Arbeit das Wörtchen »ich« zu verwenden.

Andere verachten bestimmte Quellen. Besonders arrogante Wissenschaftler halten alle Internetquellen, soweit es sich nicht um offizielle Dokumente handelt, für unseriös. Andere wollen nur Internetseiten zitiert sehen, die von einer wissenschaftlich anerkannten Institution stammen oder Onlineversionen anerkannter Zeitschriften und Bücher sind. Bei ihnen führt die bloße Erwähnung des durch die Nutzer selbst erzeugten Internetlexikons *Wikipedia* zu Ekelpickeln.

Das ist ein gutes Beispiel dafür, wie Sie Inhalts- und Aufstiegsstudium auseinanderhalten können. Sie klären, welche Anforderungen diejenigen stellen, die über Ihren Aufstieg entscheiden, und halten sich in der Fassung Ihrer Arbeit, die Sie ihnen vorlegen, auch streng daran. Aber bis zu diesem Zeitpunkt können Sie machen, was Sie wollen. Mit *Wikipedia* haben Sie zum Beispiel einen wunderbaren ersten Zugang zu den meisten Themen. Sie finden dort überdies wertvolle Links auf weitere Internetseiten zum Thema. Sie können auch bei www.hausarbeiten.de nachschauen, wie andere das Problem gelöst haben, wenn Sie dafür Geld einsetzen wollen und können.

Sie bringen sich jedoch selbst um die entscheidende Lernchance und damit um das ganze Inhaltsstudium, wenn Sie der Versuchung erliegen, eine solche Vorlage zu übernehmen. Wenn es herauskommt, was sehr wahrscheinlich ist, weil es inzwischen gute Methoden der Aufdeckung gibt, haben Sie sich auch das Aufstiegsstudium versaut. Denn das wird an vielen Hochschulen inzwischen als so schwerwiegender Betrug verstanden, dass Sie die Leistung endgültig nicht bestanden haben und das Fach nirgendwo in Deutschland mehr studieren dürfen. Manche Hochschulen übergeben den Fall auch wegen Betrugs an die Staatsanwaltschaft. Es lohnt also nicht.

Nachdem Sie die formalen Anforderungen des Aufstiegsstudiums geklärt haben, kennen Sie den Spielraum, der Ihnen für das Inhaltsstudium beim Anfertigen einer solchen Arbeit zur Verfügung steht. Den sollten Sie bis an die Grenzen nutzen, denn die gründliche Recherche und das sich Hineinwühlen in ein Thema, das Arbeiten an einer interessanten Fragestellung und das Formulieren und Überarbeiten der Erkenntnisse kann zu einem Glückserlebnis im Sinne des »Flows« von Csikszentmihalyi werden. Nie wieder in Ihrem Leben werden Sie die Zeit haben, sich so intensiv mit einem Thema beschäftigen und so viel lernen zu dürfen.

Dann: eigene Bestandsaufnahme

Wenn Sie Ihren Gestaltungsspielraum kennen, erlauben Sie sich den Luxus, für eine ganze Zeit Ihre Betreuerin oder Ihren Betreuer zu vergessen. Denn nichts lähmt die inhaltliche Arbeit so sehr wie das Gut-sein-Wollen, das Schielen auf den Aufstieg. Man sitzt vor dem leeren Blatt oder dem leeren Bildschirm und wartet auf den »tollen«, »niveauvollen«, »neuen« oder sonstwie »genialen« Gedanken, ohne recht zu wissen, was das sein soll. In dieser Phase der Arbeit können Sie die Anforderungen selbst bestimmen. Diesen Luxus sollten Sie nutzen. Schreiben Sie sich jede Ihrer Anforderungen möglichst detailliert auf, damit Sie Ihnen bewusst sind und nicht als unausgesprochene Vermutungen und Projektionen im Hintergrund wabern.

Schon vom Beginn der Arbeit an bis zur Phase der letzten Überarbeitungen können Sie Ihren eigenen inhaltlichen Anforderungen, Ihrem eigenen Urteil und Ihren Interessen trauen. Darum klären Sie – schon allein um ihr Selbstbewusstsein zu stärken –, was Sie selbst bereits zum Thema wissen und was Ihnen dazu einfällt, bevor Sie in die Meere an Literatur und Material eintauchen. Gehen Sie dabei ganz unsystematisch und assoziativ und vor allem ohne hohe Ansprüche vor. Meist werden Sie danach selbst erstaunt sein, was Ihnen alles eingefallen ist.

Nehmen Sie sich die Zeit und verwandeln Sie diese ersten Ergebnisse in einen »wilden Text«. Dazu schreiben Sie alles in vollständigen Sätzen ohne Selbstzensur auf. Sie werden diesen Text im Laufe der Arbeit immer wieder verändern und größtenteils verwerfen, immerhin aber verhilft er Ihnen zu einem Anfang.

Die Materialsuche

Schon die Suche nach Quellen (Dokumente, Akten, Protokolle, mündliche und schriftliche Berichte von Beteiligten, Dokumentationen, statistisches Material etc.) und Literatur zum Themenbereich können Sie als genussvolle detektivische Jagd gestalten, wenn Sie die Aufgabe sportlich angehen. Mit Internet und Online-Katalogen (OPAC) und CD-Rom-Datenbanken, in denen die Zeitschriftenliteratur des Faches mit Zusammenfassungen und Inhaltsangaben ausgewertet ist, stellt sich heute meist nicht mehr das Problem, Material zu finden, sondern es sinnvoll zu begrenzen.

Ein gutes Kriterium ist die Erreichbarkeit des Materials. Bemühen Sie zum Beispiel die Fernleihe nur dann, wenn Sie sich sicher sind, dass es sich um ein zentral wichtiges Dokument, einen entscheidenden Aufsatz oder das Schlüsselbuch zum Thema handelt. Erarbeiten Sie sich inhaltliche Kriterien, was für das Thema wichtig ist und was nicht.

Dazu bietet das Internet eine erste sinnliche Orientierung. Sie können den Stoff sozusagen von allen Seiten beschnüffeln. Aber wissenschaftlich sicheren Grund und Boden erreichen Sie dadurch nicht, denn man braucht solides und umfassendes Wissen, um beurteilen zu können, ob eine Internetquelle seriös ist oder nicht.

Zum Kern des Themas dringen Sie am besten so vor: Lesen Sie zuerst die Texte der Profis, die zum Thema gearbeitet haben, die den Überblick über die Literatur und die Quellen haben und die sich mit den Positionen der wichtigsten Vertreter des Themenbereichs auseinandersetzen. Das sind diejenigen, die seit vielen Jahren zum Thema forschen und darüber Bücher schreiben und ihre neuesten Ergebnisse in Spitzenzeitschriften veröffentlichen. Es sind diejenigen, die von den meisten anderen in den meisten Aufsätzen zitiert werden und in allen Literaturverzeichnissen erscheinen. Sie können sich diese Namen von Ihrem Betreuer oder Ihrer Betreuerin erfragen oder Sie suchen sich im OPAC (Online Public Access Catalogue) unter Ihrem thematischen Schlagwort die wichtigsten und neuesten Bücher und in den CD-Rom-Datenbanken die neuesten Zeitschriftenaufsätze und Forschungsprojekte heraus.

Da die neuesten Hefte der wichtigen Zeitschriften in der Regel in der Bibliothek stehen, können Sie diese sofort einsehen und den Fußnoten und Literaturverzeichnissen entnehmen, wer am häufigsten zitiert wird. Das sind die Bücher und Aufsätze, die Sie zuerst durcharbeiten sollten, denn in ihnen wird der Stand der Wissenschaft zu Ihrer Fragestellung wiedergegeben.

Vergessen Sie nicht, bei allem, was Sie sich aufschreiben oder kopieren, immer sämtliche Literaturangaben festzuhalten, auch die Seitenspanne von Aufsätzen. Denn nur dann können Sie die Information oder den Aufsatz später verwenden. Es kostet Sie viel Zeit und Ärger, wenn Sie diese Angaben später suchen müssen.

Häufig sind Zeitschriftenaufsätze so kompliziert, kondensiert und anspruchsvoll und setzen so viel Wissen voraus, dass Sie weit überfordert sind. Sie wirken wie der klassische Bluff im Kartenspiel und bringen Sie dazu, vorzeitig aufzugeben. Darum suchen Sie lieber unter den meistzitierten Namen nach einem Buchtitel zum Thema. Denn in Büchern offenbaren die Größen des Faches ihre gesamten Einsichten im Zusammenhang, meist mit den geschichtlichen Hintergründen, sodass der Stoff zugänglicher wird. Danach werden auch die kondensierten Zeitschriftenaufsätze verständlich. Nun haben Sie eine Ahnung davon, was in dem Bereich wichtig und richtig ist, und können Internetseiten und andere Texte hinsichtlich ihrer Seriosität und Qualität beurteilen.

Häufige Fehler beim inhaltlichen Arbeiten

Nach meiner Erfahrung beim Arbeiten und bei der Betreuung von Studierenden gibt es zwei besonders häufige und zugleich folgenreiche Fehler bei der Annäherung an ein Thema.

Der eine Fehler besteht darin, nur nach »Stellen« zu suchen, die zum Thema passen und diese dann in der Arbeit zu einer hübschen Zitatenkollage zu verarbeiten. Solche »Stellen« finden Sie leicht über die Suchfunktionen im Internet oder bei Onlineversionen von Texten und über den Index von Büchern. Das Problem dabei ist, dass Sie nur eine vage Ahnung vom Thema bekommen. Denn die »Stellen« sind aus dem Zusammenhang gerissen und können unter Umständen das Gegenteil von dem aussagen, für das Sie sie eigentlich einsetzen. Sie erwischen zum Beispiel eine »Stelle«, mit der der Autor die Argumentation vorstellt, die er widerlegen will, und Sie zitieren sie als seine eigene Argumentation.

Der andere Fehler besteht darin, dass Sie versuchen, alles zu lesen, von Anfang bis Ende, Wort für Wort. Selbst wenn Sie Kurse im Schnelllesen besucht haben, ist das Vorhaben aussichtslos bei der Menge an Literatur, die es in der Regel zu jedem Thema gibt. Darum müssen Sie eine Technik entwickeln, mit der Sie schnell und effektiv die wichtigsten Informationen aus einem Buch oder Aufsatz herausbekommen. Die Technik soll Ihnen auch helfen zu entscheiden, ob Sie einen Text gründlich von Anfang bis Ende lesen müssen.

Es gibt viele Internetseiten zu solchen Techniken. Klicken Sie sich bei Gelegenheit durch einige der dort angebotenen Seiten und probieren Sie aus, welche davon Ihnen am besten zusagt.

Meine ist die Anfang-Ende-Technik: Ich lese den Anfang eines Aufsatzes oder eines Buches und suche nach den Passagen, in denen das beschrieben wird, was wie herausgefunden werden soll. Davon schreibe ich mir unter der Literaturangabe die wichtigsten Gedanken auf. Dann springe ich zum Ende des Textes und notiere, was herausgekommen ist. Damit habe ich in der Regel die wichtigsten Aussagen des Textes zum Thema erfasst. Dann kann ich noch besonders zitierfähige »Stellen« suchen und kopieren, und der Titel ist »untergepflügt«, erledigt.

Bei einigen Texten zeigt die Anfang-Ende-Technik, dass das Ergebnis für das Thema doch wichtiger ist als erwartet oder dass aus dem Ende nicht ganz ersichtlich wird, wie das Ergebnis zustande gekommen ist. Dann wende ich die Anfang-Ende-Technik auf die einzelnen Kapitel an: Vom Ende des Buches her lese ich in jedem Kapitel Anfang und Ende bis ich auf die Passagen gestoßen bin, in denen das Ergebnis entwickelt wird.

Wenn ich dabei merke, dass eigentlich jedes Kapitel und beinahe jeder Absatz neue und wichtige Informationen zum Thema bringt, dann ist der zugleich beste und schlimmste Fall beim inhaltlichen Studium eingetreten. Sie haben einen wichtigen Text gefunden, den Sie gründlich lesen müssen.

Wie gründlich lesen?

Solche Texte, die sich als zentral für Ihr Thema herausstellen oder die Sie für eine Lehrveranstaltung lesen müssen, brauchen Zeit, Konzentration und Ruhe. Schaffen Sie sich die dafür notwendigen Bedingungen und finden Sie heraus, ob Sie gut am Stück lesen, oder ob Sie nach einer Stunde Abwechslung brauchen und einige Zeit etwas anderes tun müssen, damit Sie sich wieder konzentrieren können.

Achten Sie darauf, dass Sie zuerst herausfinden, was der Text tatsächlich sagt, bevor Sie zu Folgerungen, Einwänden oder Urteilen kommen. Das hört sich leichter an, als es ist. In meinen Seminaren erlebe ich immer wieder, wie Studierende in Texte ihre eigenen Meinungen und Erwartungen hineinlesen und den Text dann zum Kronzeugen für Positionen anführen, die manchmal das Gegenteil von dem sind, wofür der Text steht. Lernen Sie, präzise zu lesen.

Ein Weg, sich beim Lesen vor übereilten Interpretationen zu schützen, ist es, nach der Fragestellung des Textes zu suchen und für jeden einzelnen Satz und Absatz zu fragen, weshalb er geschrieben worden ist, was er beweisen soll, wogegen er sich wendet, welche Funktion er in der Argumentationskette hat. Solch stetiges Fragen bewahrt Sie davor, in das behagliche Gefühl abzugleiten, Sie hätten den Text verstanden, merken aber nach einer halben Seite, dass Sie mit Ihren Gedanken ganz woanders sind.

Wenn Ihnen das Buch gehört oder Sie über eine Kopie verfügen, ist es nützlich, den Gang der Argumentation am Rand in eigenen Worten aufzuschreiben. Weil der Rand meist schmal ist, sind Sie gezwungen, sich kurz zu fassen. Sie können wichtige Argumente unterstreichen oder – je nach Wichtigkeit – unterschiedlich farbig markieren. Doch am nützlichsten ist es, den Gang der Argumentation in eigenen Worten als Exzerpt (Auszug) am Rand oder in einem eigenen Text festzuhalten. Dann sitzt der Text in ihrem Gedächtnis, und Sie können ihn jederzeit rekonstruieren. Zudem können Sie die Exzerpte für indirekte Zitate in Ihrer Arbeit verwenden.

Dann erst, wenn das Argument innerhalb der Logik der Argumentationskette festgehalten ist, können Sie sich erlauben, Einwände, Schlussfolgerungen, Zusammenhänge zu anderen Erkenntnissen zu formulieren. Sie können nach Gegenbeispielen suchen, logische Widersprüche oder Sprünge aufdecken und am Rande des Textes oder in Ihrem Exzerpt festhalten.

Auf diese Weise wird die sorgfältige Lektüre eines guten Textes zu einem spannenden Dialog, manchmal zu einem hin und her wogenden Streit mit dem Autor oder der Autorin. Innerlich juble, stöhne, schimpfe oder triumphiere ich über besonders tiefe Einsichten, logische Fehler oder unschlüssige Beweisschritte. Dann macht wissenschaftliches Arbeiten Spaß.

Wie Daten sammeln?

Das eigentliche Problem beim inhaltlichen Arbeiten ist nicht so sehr, wie Sie an Daten kommen, sondern wie Sie die gesammelten Daten ordnen und wiederfinden können. Es gibt dafür professionelle Computer-Programme, deren Handhabung an vielen Hochschulen im Studium gelehrt wird. Mit ihnen speichern Sie alle Daten, die Sie während Ihres Studiums und danach sammeln, in einer Datenbank, die Ihnen den schnellen Zugriff auf die Daten, das Wiederfinden einer bestimmten Datei und das Neuordnen Ihrer Dateien für ein neues Thema erlauben. Wenn sich Ihnen die Chance, mit einem solchen Programm zu arbeiten, in Ihrem Studium bietet, sollten sie diese auf jeden Fall nutzen. Beherrschen Sie es routiniert, wird es Ihre Arbeit immens vereinfachen und effektiver machen.

Wenn es nur um die Daten für eine einzige große schriftliche Arbeit geht, können Sie auch den Gliederungsmodus Ihres Textverarbeitungsprogramms verwenden. Außer der Einleitung und dem Schluss, sind Sie in der Gliederung des Stoffes ziemlich frei. Die formalen Anforderungen müssen Sie in Ihrem Fach klären. Es gibt dabei große Unterschiede.

Der Gliederungsmodus hat den Vorteil, dass er sie dazu zwingt, Ihren Stoff nach Gebieten und innerhalb der Gebiete nach logischen Ebenen der Wichtigkeit zu gliedern, weil er die Überschriften immer auf einer bestimmten logischen Ebene angesiedelt haben will. Sie können diese Überschriften allein anschauen und zusammen mit den dazugehörigen Texten hin und her schieben, wichtiger oder unwichtiger machen. Und wenn Sie die Schaltfläche »Nur erste Zeile« betätigen, können Sie große Mengen Text gleichzeitig überblicken und ordnen. Ein gutes Schreibprogramm bietet im Gliederungsmodus die Möglichkeit, das Dokument in mehrere Unterabteilungen aufzuteilen, die Sie separat bearbeiten können. Seitdem es Computer gibt, schreibe ich alle meine Texte auf diese Weise; auch dieses Buch habe ich so geschrieben.

Wenn das Material geordnet ist und Sie eigentlich nichts richtig Neues mehr zu dem Thema finden, kommt die letzte Phase des Inhaltscurriculums: Das Schreiben der ersten Rohfassung des Textes.

Wie schreiben?

Das große Problem beim Schreiben ist der Anfang. Meist haben Sie sich unter hohen und unklaren Anforderungsdruck gesetzt. Sie sind von den gelesenen Texten so eingeschüchtert und meinen, einen ähnlichen Text produzieren zu müssen und wissen nicht wie. Dann haben Sie sich bluffen lassen und haben Angst vor dem leeren Blatt.

Sie müssen sich beim Schreiben der ersten Rohfassung von diesen wirklichen oder angenommenen Anforderungen frei machen, sonst bleiben Sie unweigerlich immer wieder stecken. Darum gestalten Sie die erste Rohfassung nach der bereits mehrfach geschilderten Methode des »wilden Schreibens«.

Sie schreiben mit dem Computer entlang der Gliederung mit dem dort zu den einzelnen Gliederungspunkten bereits abgespeicherten Material einfach drauflos, ohne innere Zensur, ohne auf die Orthographie zu achten und ohne Anspruch auf besondere Qualität. Wichtig ist allein, dass Sie das ausdrücken, was Ihrer Meinung nach das Material aussagt.

Sie werden bald merken, dass Ihnen beim Schreiben Gedanken kommen, auf die Sie sonst nie gekommen wären. Sie erkennen, zu welchen Punkten Sie noch mehr Material brauchen oder welche überflüssig sind. Sie entdecken neue Gliederungspunkte und entdecken Ihre eigenen Lücken. All das lassen Sie ohne Hemmungen geschehen, notieren es in ihren »wilden« Text und schreiben weiter drauflos, bis Sie die Gliederung einmal durchgeschrieben haben. Dann haben Sie die erste Rohfassung Ihres Textes.

Erstellen Sie schon beim »wilden Schreiben« ein möglichst perfektes Literatur- und Quellenverzeichnis für alle Informationen, die Sie im Text verwenden. Sorgen Sie dafür, dass Informationen, die Sie aus anderen Quellen haben, in Ihrem Text exakt entsprechend der in Ihrem Fach üblichen Regeln belegt sind. Da gilt kein »wildes« Schreiben. Da herrscht Pedanterie. Es ist eine kleinteilige, handwerkliche Arbeit, die nichts mit Niveau, Anspruch oder Stil zu tun hat. Sie machen sich die spätere Arbeit umso leichter, je pedantischer Sie bereits von Anfang an auf korrekte und vollständige Angaben achten.

Es ist nützlich, die Literaturangaben nicht nur im Literaturverzeichnis in voller Länge zu haben, sondern noch einmal in Ihrem wilden Text an der Stelle, wo Sie die übernommenen Informationen oder Zitate verwenden. Das erleichtert das präzise Belegen bei der Erarbeitung der Schlussfassung. Denken Sie daran, dass Sie nicht nur bei wörtlich übernommenen Zitaten die Fundstelle angeben müssen, sondern bei allen Informationen, die nicht selbstverständlich sind, und bei allen Argumentationen anderer Autoren, die sie referieren.

Im Literaturverzeichnis sollten Sie jede Angabe in einen eigenen Absatz schreiben mit dem Wort an erster Stelle, nach dem das Literaturverzeichnis später alphabetisch geordnet werden soll. Dann können Sie das Verzeichnis immer wieder neu mit der Sortierfunktion ordnen und neue Titel leicht zuordnen.

Schicken Sie in diesem Stadium regelmäßig eine Sicherheitskopie per E-Mail an einen Freund oder eine Freundin. Oder finden Sie einen anderen Weg, wie Sie verhindern können, dass Ihre ganze

Arbeit durch einen mechanischen Fehler ihres Computers verlorengeht, etwa wenn Ihre Festplatte sich festfrisst.

Die richtige Sprache finden

Nach dem »wilden Schreiben« für die Rohfassung überprüfen
Sie in einer ersten grundlegenden Überarbeitung, ob Sie die richtige Sprache gefunden haben. Denn es gibt für unterschiedliche
Zwecke unterschiedliche Sprachen. Man kann zwischen einer Alltagssprache, einer poetisch-literarischen, einer journalistischen
und verschiedenen Wissenschaftssprachen unterscheiden.

Wenn jemand zum Beispiel einen Text über Venedig in der
privaten Alltagssprache schreiben würde, könnte der wie eine
E-Mail oder SMS aussehen:

»Ich war jetzt im November in Venedig. Das war toll dort. Wir
hatten viel Spaß dort. Da gab es Gondeln. Es war auch gar nicht so
traurig wie in dem Film ›Wenn die Gondeln Trauer tragen‹. Aber
manchmal gab es doch viel Nebel.«

Der Text ist subjektiv, emotional, ungenau und nicht ausgefeilt.

Wenn Sie über eine November-Reise nach Venedig in poe-
tisch-literarischer Sprache schreiben sollten, könnte der Text so
lauten:

»Der eigenwillige November-Flaneur suchte im nasskalten,
grau verhangenen Venedig ohnehin das Leben, den unspektaku-
lären, doch wundersam anheimelnden Alltag der letzten Biber, die
in ihrer sinkenden Republik noch ausharren, nachdem die meisten
von ihnen, die jüngeren zumal, längst auf das Festland geflüchtet
sind.«[36]

. . . .

36 Kristina Maidt-Zinke: Eintauchen in Geheimnisse und Wunder. Im grau verhangenen Alltag das
wundersam anheimelnde Leben suchen: Venedig im November. In: Frankfurter Allgemeine Zeitung,
Reiseblatt vom Dienstag, den 25. November 1999. S. R 1.

Die Sprache ist gewählt und ausgefeilt, voller Bilder und Umschreibungen, und achtet mehr auf den Klang und die Stimmung als auf Genauigkeit.

Würde dagegen ein Journalist über Venedig im November schreiben, käme vielleicht folgender Text zustande:

»Neuer Tourismusboom in Venedig. Venedig meldet neue touristische Rekordzahlen für den Monat November. War der November traditionell der ruhigste Monat im Tourismusjahr der Lagunenstadt, ist es nun gelungen, die Auslastung der früher in diesem Monat leer stehenden Übernachtungskapazitäten so auszugleichen, dass in der Wintersaison keine Entlassungen mehr gemeldet werden. Von Seiten der Alternativen im Stadtrat der Stadt Venedig wird diese Entwicklung allerdings kritisch kommentiert. Sie fürchten, dass in Venedig jegliches ›Eigenleben‹ absterbe und die berühmte Stadt zu einem ›Disneyland‹ mit historischer Fassade verkomme.«

Die Sprache soll Aufmerksamkeit erregen und gleichzeitig in klaren, einfachen Sätzen informieren. Wiederholungen von Wörtern werden vermieden. Ein guter Stil ist wichtiger als Präzision.

Ein korrekter wissenschaftlicher Text über das Thema Venedig im November könnte dagegen so aussehen:

»Wenn man der Fragestellung nachgeht, wie sich der Tourismus in Venedig während der letzten Jahre verschoben hat und welche Auswirkungen das auf die Stadt hat, trifft man auf sehr widersprüchliche Angaben in der Literatur. Cerruti und Cesare (1994, S. 16ff.) führen Daten an, die darauf schließen lassen, dass der traditionelle Tagestourismus immer mehr durch Langzeittouristen ergänzt wird, die sich nicht mehr auf die traditionellen Tourismusgegenden beschränken. Dadurch gleiche sich das Einkommensgefälle zwischen den traditionellen Tourismusgebieten und den Randbereichen des historischen Zentrums aus. Dagegen führen Grandioso und Barusci (1998, S. 4) an, dass solcher Langzeittourismus wie die sprichwörtliche ›Einstiegsdroge‹ in Ankauf oder Anmietung von Wohnraum funktioniere. Angesichts der höheren Kaufkraft der überwiegend deutschen und amerikanischen

Interessenten entstehe eine Entvölkerung traditioneller Wohn-
bezirke mit einem wachsenden Pendelverkehr der einheimischen
Bevölkerung vom Festland, die während der inzwischen jahreszeitlich ausgeglichenen Touristensaison (Masterborg 1999, S. 10)
nur noch eine kommerzielle Staffage darstellt. Ein tatsächlich
eigenständiges städtisches Leben in Venedig werde immer mehr
zur Ausnahme. Dagegen führt allerdings Graushaar (1999, S. 13)
Daten an, die darauf hindeuten, dass der jahreszeitlich stabile
Tourismus genügend Einkommen und Investitionsbereitschaft erzeuge, um bisher baufälligen und aufgegebenen Wohnraum neu
zu erschließen und so den allmählichen Verfall des historischen
Zentrums aufzuhalten. Eine endgültige Bilanz der Auswirkungen
ist demnach kaum möglich, da sich die kulturellen Veränderungen in Richtung einer Verringerung venezianischer Eigenständig-
keit mit den ökonomischen Schritten in Richtung eines Aufhaltens
des Verfalls der städtischen Bausubstanz schlecht gegeneinander
aufrechnen lassen.«

Die Sprache ist verständlich, die Worte werden präzise definiert und gebraucht. Exaktheit, Korrektheit, Präzision und korrekte
Belegweise haben höchste Priorität. Wiederholungen der Fachtermini sind zulässig. Falsch wäre es, um der stilistischen Vielfalt willen immer neue Bezeichnungen zu finden. Falsch wäre es auch, um
den Unterhaltungswert zu steigern, Aussagen zuzuspitzen oder zu
pauschalisieren. Präzision hat Vorrang. Die Argumentation und die
Schlussfolgerungen müssen für jemanden nachvollziehbar sein,
der nicht die Sichtweise des Textes teilt. Das Ziel des Textes ist: Mit
nachvollziehbaren und überprüfbaren Argumenten eine Fragestellung überzeugend zu beantworten.

Ein typischer Bluff-Text über Venedig im November könnte so
aussehen:

»Bei einer prozess-analytischen Sekundäranalyse der von den
Tourismusbehörden nordmediterraner Tourismusziele mit besonderer Attraktivität herausgegebenen Daten unter besonderer Berücksichtigung saisonaler Schwankungen imponierte primär das
segmentale Inkrement des Well-to-do-Tourism nach Meyerbeer
und Müller-Langbein (1974b). Dabei konnte unter Berücksichti-

gung des kritischen Grisholm-Bias (1999) festgestellt werden, dass innerhalb des Valenzzeitraumes die bisher in der Literatur (Greis 1934, Bausinger 1957, Kausbach 1966, Laber 1992) festgestellte hochsignifikante diasynchrone Segmentalisierung des Marktes nicht mehr statistisch nachweisbar war.«

Der Text ist eine frei erfundene und inhaltlich unsinnige Parodie. Es wäre unfair, wirkliche Personen als Musterbeispiele des Uni-Bluffs vorzuführen. Die Merkmale der Bluff-Sprache sind: Es geht um die Demonstration einer makellosen Wissenschaftlichkeit. Adressaten sind die um höchstes Niveau bemühten Herausgeber und Gutachter der Fachzeitschriften, die darüber entscheiden, ob ein Aufsatz gedruckt wird. Jeder denkbaren Kritik soll mit dem Nachweis eines aufwendigen Methodeneinsatzes und umfassender Literaturkenntnis von vornherein der Wind aus den Segeln genommen werden. Um das geforderte »hohe Niveau« zu erfüllen, werden nicht nur die unvermeidlichen Fachwörter, sondern auch völlig unnötige Kunstwörter benutzt und zum Teil erst für den Zweck der Niveau-Demonstration geschaffen. Denn »hohes Niveau« ist maximale Exklusivität. Die wird erreicht auf Kosten der Verständlichkeit und der inhaltlichen Klarheit. Der eigentliche Sinn einer wissenschaftlichen Zeitschrift, einer Fachöffentlichkeit spannende neue Ergebnisse mitzuteilen, verkehrt sich so leicht in sein Gegenteil: Langeweile auf höchstem Niveau, das typische Symptom des Uni-Bluffs.

Die Überarbeitungen

Stellen Sie sich auf mehrere Überarbeitungen des Textes ein. Vieles verstehen Sie erst beim genauen Schreiben. Sie werden Teile, die Sie schon für abgeschlossen hielten, neu schreiben müssen. Darum planen Sie für das Schreiben und Überarbeiten genauso viel Zeit ein wie für das Recherchieren und Lesen. Denn beim Überarbeiten werden Sie immer wieder recherchieren und lesen müssen. Viele Lücken und Schwächen zeigen sich erst dann.

Wenn es Ihnen möglich ist, sollten Sie die Überarbeitungen an einem Rechner vornehmen, mit dem Sie Zugang zum Internet haben. Denn damit können Sie beinahe alle inhaltlichen und formalen Zweifelsfragen schnell und ohne großen Aufwand klären. Auch empfiehlt es sich, eine Kopie des alten Textes an einem sicheren Ort zu speichern, falls sich herausstellen sollte, dass Sie sich bei einer Überarbeitung verrannt haben, was öfter vorkommt als erwartet. Dann können Sie zur vorherigen Version zurückkehren.

Überarbeiten Sie Ihre Rohfassung unter folgenden Gesichtspunkten:

Achten Sie auf Ihr Gefühl. Wenn Sie beim Lesen irgendetwas stört, versuchen Sie herauszufinden, was das komische Gefühl auslöst. Sind es holprige Formulierungen? Haben Sie sich verhoben und einen zu anspruchsvollen Stil gewählt? Verwenden Sie zu viele Füllwörter? Stimmen ihre Bilder nicht? Haben Sie sich in ihr Material so verliebt, dass Sie abschweifen oder sich wiederholen? Drücken Sie vielleicht mit dem Text etwas ganz anderes aus als Sie ursprünglich sagen wollten?

Besonders wichtig ist die Logik. Ist Ihre Argumentation schlüssig? Haben Sie Ihr Ergebnis wie in einem Kriminalfall logisch eindeutig Schritt für Schritt bewiesen? Ist bei Berücksichtigung aller bekannten Tatsachen keine andere Lösung als die von Ihnen präsentierte möglich? Gibt es logische Widersprüche im Text? Beweisen Ihre Argumente das, was Sie mit ihnen belegen wollen?

Die Vollständigkeit ist ein weiterer wichtiger Gesichtspunkt: Haben Sie alle Punkte angeführt, die zur Beantwortung der Fragestellung notwendig sind? Gibt es wichtige Aspekte, die in der Literatur auftauchen, die Sie nicht berücksichtigt haben? Fallen Ihnen Argumente ein, die gegen Sie sprechen könnten, die Sie nicht berücksichtigt haben?

Schließlich können Sie auch nach der Ästhetik fragen. Hat Ihr Text eine stimmige Form mit einheitlich formatierten Überschriften, Grafiken und Tabellen? Sind Rechtschreibung und Zeichensetzung korrekt?

Lassen Sie sich Zeit zwischen den Überarbeitungen. Man neigt dazu, in frisch geschriebene Texte das hineinzulesen, was man schreiben wollte, und merkt nicht, was man tatsächlich geschrieben hat. Darum brauchen Sie Abstand zu Ihrem Text wie zu einem fremden Text. Diese kritische Distanz ist von größter Wichtigkeit. Denn nur so erhalten Sie einen inhaltlich korrekten, weitgehend fehlerfreien Text.

Sechstes Kapitel Tipps für das Aufstiegs-studium – wie bluffen, ohne sich selbst zu bluffen

Mit dem Aufstiegsstudium erweisen sich die Hochschulen als Teil des kapitalistischen Konkurrenzsystems. (In sozialistischen Ländern waren akademische Berufe nicht in dem Maße privilegiert wie in der Marktwirtschaft.) Zwar werden die höchsten Elitepositionen immer noch innerhalb der Familien der Oberschicht weitergegeben. Doch selbst für sie ist ein erfolgreiches Aufstiegsstudium in der Regel eine wichtige zusätzliche Voraussetzung für das Vererben der Toppositionen. Mit der Entwicklung hin zur Wissensgesellschaft, d. h. dem immer höheren Anteil von Positionen, die eine akademische Ausbildung voraussetzen, ist der soziale Aufstieg immer mehr an ein erfolgreiches Aufstiegsstudium gebunden. Der Wettkampf findet aber nur vordergründig um Noten statt. Es geht auch um den Habitus, um das Auftreten, die Form der Selbstdarstellung, des Sprechens, kurz: um die Beherrschung des Bluffs.

Es ist wie beim Wettrüsten. Wenn die anderen eine neue Waffe haben, muss auch ich sie haben, will ich nicht ins Hintertreffen geraten. Wenn alle anderen bluffen, stünde man als unbedarfter Naivling da, wenn man als Einziger auf den Bluff verzichten wollte. Zudem: Überschüssige Selbstdarstellung ist in allen Lebensbereichen üblich. Auf sie gänzlich verzichten zu wollen, wäre unrealistisch. Die Frage ist, wie viel Bluff ist unverzichtbar und wie viel ist zu viel.

Wie an dem vorhin vorgeführten parodistischen, aber durchaus typischen Bluff-Text abzulesen ist, birgt der Uni-Bluff zwei Gefahren. Die eine besteht darin, so abgehoben zu werden, dass man aus aller Kommunikation herausfällt. Die andere ist, dass man seinen eigenen Lernprozess torpediert. In beiden Fällen hat man sich selbst gebluft, ist aus dem Spiel ausgeschieden und muss zuschauen, wie die anderen den Gewinn einstreichen.

Es stellt sich demnach die Frage: Wie bluffen, ohne sich selbst zu bluffen?

Die schriftliche Arbeit

Im Inhaltsstudium haben Sie eine korrekte, fehlerfreie Arbeit erstellt und sie in verschiedener Hinsicht überarbeitet. Nun sollten Sie sich den Text noch einmal für das Aufstiegsstudium vornehmen. Denn jetzt gelten nicht mehr rein logische, ästhetische oder inhaltliche Kriterien. Jetzt müssen Sie prüfen, ob Sie mit Ihrem Text den Anforderungen Ihres Professors oder Ihrer Professorin gerecht werden.

Nicht anerkannte Internetseiten werden durch andere, betreuergerechte Belege ersetzt. Texte, in denen Sie Ihre subjektive Sicht zum Vorschein kommen lassen, werden in einen objektiven Stil umformuliert, wenn das so gewünscht ist. Oder Sie bauen noch Texte ein, von denen Sie wissen, dass Ihr Betreuer oder Ihre Betreuerin sie gerne zitiert sieht.

Wenn es inhaltlich rechtfertigbar ist, sollten Sie irgendwo – wenigstens im Literaturverzeichnis – Arbeiten der Sie betreuenden Professorin bzw. des Sie betreuenden Professors anführen. Wenn Ihnen das zu peinlich erscheint, bedenken Sie, wie es Ihnen selbst gehen würde, wenn Sie zu einem Thema gearbeitet hätten und die Ergebnisse von Ihren Studenten ignoriert würden. Doch seien Sie maßvoll und verfallen Sie nicht in unglaubwürdige Schmeichelei.

Um Ihre Arbeit den Anforderungen des Aufstiegsstudiums anzupassen, ist die Einleitung am wichtigsten. In ihr schildern Sie, welche Literatur Sie berücksichtigt haben, wie die Materiallage war und wie Sie damit umgegangen sind. Hier können sie alle möglichen Mängel ausbügeln, indem Sie überzeugende Gründe anführen, warum Sie nur so vorgehen konnten, wie Sie vorgegangen sind. Denn hier begründen Sie Ihre Methode. Das will gelernt sein. Schauen sie in Doktorarbeiten, Aufsätzen und Büchern nach solchen Einleitungstexten und lernen Sie von den Meistern des Bluff-Gewerbes.

Schließlich können Sie Ihre Arbeit in einem letzten Durchgang akademisch »aufmotzen«: Sie bringen auch noch die letzte von Ihnen mühsam durchgearbeitete Literatur unter, indem Sie an geeigneten Stellen »Exkurse« setzen oder die Arbeit mit dicken, hochwissenschaftlichen Fußnoten spicken wie einen Braten mit Speck und Knoblauch.

Übertreiben Sie das »Aufmotzen« nicht, sonst kann der legitime und notwendige Bluff kippen und wird zum Selbstbluff. Führen Sie auf keinen Fall Literatur an, die Sie nicht selbst wenigstens überflogen haben. Zitieren Sie keine isolierten »Stellen«, von denen Sie nicht den Zusammenhang kennen. Tun Sie nicht so, als ob Sie den ganzen Aufsatz gelesen hätten, wenn Sie nur aus der Zusammenfassung, dem »Abstract«, zitieren. Das kann sich in der mündlichen Prüfung bitter rächen und Ihre Note verderben.

Zum totalen Selbstbluff wird das »Aufmotzen« dann, wenn Sie große Teile anderer Arbeiten einfach übernehmen, ohne die Quelle anzugeben. Solche Plagiate verhindern nicht nur Ihren eigenen Lernprozess, sondern können, wenn entdeckt, Ihr gesamtes Studium zum Scheitern bringen.

Der mündliche Seminarbeitrag

Vom Inhaltsstudium her gesehen gibt es keine »dummen« Fragen oder »falsche« Seminarbeiträge. Jede beantwortete Frage und jeder korrigierte oder beantwortete Diskussionsbeitrag führt zu einem Fortschritt im Lernen.

Im Aufstiegsstudium gibt es durchaus Fragen und Seminarbeiträge, mit denen man sich unmöglich macht und sich die Ablehnung sowohl der Kommilitonen wie der Lehrenden einhandelt. Meist sind das Beiträge und Fragen, die entweder zu einfach oder zu kompliziert sind.

Zu einfache Beiträge sind solche, die nicht genügend Bluff-Fassade enthalten. Man kann wirklich dumme Fragen stellen, also solche, die nach etwas fragen, was gerade erklärt worden ist oder was zum selbstverständlichen Wissensbestand einigermaßen gebildeter Menschen gehört. Es ist, wie wenn man an den Eingangsfragen der allabendlichen Quizsendungen scheitern würde.

Mit dem richtigen Maß an Bluff kommt man auch mit solchen Fragen gut an. Man kann zum Beispiel sagen: »Es kann gut sein, dass diese Frage schon behandelt worden ist oder trivial erscheint, ich halte es aber für die weitere Diskussion für wichtig, noch einmal eindeutig zu klären, was ... bedeutet.« Man motzt die möglicherweise »dumme« Frage zu einem methodisch bedeutsamen Beitrag auf und stellt sich gleichzeitig als ein am Fortgang der Diskussion zutiefst interessierter und engagierter Teilnehmer des Seminars dar. Ein solcher Bluff ist durchaus legitim und nützlich, denn er schützt einen vor arroganter Abwertung und behindert weder den eigenen Lernprozess noch den der Gruppe.

Im Übrigen schützen Sie sich gegen arrogante Abwertung am besten durch gute Vorbereitung der Sitzung. Lesen Sie alle Texte, die für die Sitzung vorbereitet werden sollen, mit Lexikon und Internet zur Hintergrundrecherche.

Ganz anders verhält es sich mit den zu komplizierten und zu langen Fragen und Beiträgen. Um sich gegen alle möglichen Einwände abzusichern, breiten die Redner oder Rednerinnen ihr ganzes Wissen aus, ob es nun passt oder nicht, und verlieren sich in immer neuen Verästelungen. Um ja nicht für oberflächlich gehalten zu werden, steigen sie zu immer schwindelerregenderen Höhen auf, zitieren die schwierigsten Autoren und erwähnen die neuesten, kontroversesten Debatten, ohne zu erwägen, was sie mit dem zur Diskussion stehenden Thema zu tun haben. Dabei kommen Fragen heraus, die nach keiner Antwort suchen, sondern kleine Nebenreferate sind. Oder es kommt zu so hermetisch abgeschotteten Beiträgen, dass kein Mensch versteht, was damit gesagt werden soll oder worauf sich der Beitrag bezieht.

Sie können selbst merken, wann Sie mit Ihrer absichernden Selbstdarstellung zu weit gegangen sind. Die Leute um Sie herum hören nicht mehr richtig zu, tuscheln miteinander, werden unruhig, fangen an, sich mit anderen Dingen zu beschäftigen. Auch der Dozent oder die Dozentin wird unruhig und setzt immer wieder dazu an, Ihren Redefluss zu unterbrechen. Spätestens dann sollten Sie zum Ende kommen und zwar so: »Ich will jetzt auf weitere Details verzichten und zusammenfassen. Meine Frage (bzw. These) ist ...« Damit können Sie ihren Kragen retten. Denn sonst werden Sie zum allseits gefürchteten Selbstdarstellungsmatador, bei dem alle aufstöhnen, wenn er oder sie in der Veranstaltung das Wort ergreift.

Es gibt eine andere Form des unverständlichen Seminarbeitrags, die aus der Uni-Angst entsteht. Vor lauter Nervosität und Anstrengung wird Ihr Redebeitrag so kurz und abstrakt, dass er schon vorbei ist, bevor die Leute sich in ihren Sitzen Ihnen zugewandt haben. Keiner weiß, worauf Sie sich beziehen und worauf Sie hinaus wollen. Die Leute blicken noch einen Moment erstaunt zu Ihnen hin und wenden sich dann dem nächsten Beitrag zu. Sie bleiben frustriert zurück. Niemand reagiert auf Ihren Beitrag.

Aber immerhin haben Sie es geschafft, etwas zu sagen. Diesen Erfolg sollten Sie innerlich feiern und sich für das nächste Mal vornehmen, etwas länger zu reden und Ihren Beitrag mit einer klaren Frage zu beenden, sodass sich die anderen, mindestens aber die Seminarleitung, auf Sie beziehen müssen.

Das ist auch die beste Strategie, wenn Sie Ihre Redeangst daran hindert, überhaupt etwas im Seminar zu sagen. Es wäre schade, ihr nachzugeben, denn Sie versagen sich damit einen wichtigen Lernschritt des Aufstiegsstudiums, das selbstbewusste Auftreten in der Öffentlichkeit. Sie müssen lernen, sich unter schwierigen Umständen im Team zu äußern, Position zu beziehen und Ihren Standpunkt zu verteidigen. Das sollten Sie im Seminar lernen und trainieren.

Sie können dazu einen harmlosen kleinen Bluff anwenden: Suchen Sie bei der Vorbereitung des Seminars eine besonders schwierige oder besonders problematische Stelle im zu diskutierenden Text heraus und ackern Sie sie so lange durch, bis Sie meinen, sie sicher verstanden zu haben. Dann schreiben Sie sich zu dieser Passage eine kurze Frage auf, deren Antwort Sie schon kennen, die eine wirkliche und beantwortbare Frage ist und zeigt, dass Sie sich mit dem Stoff beschäftigt haben. Damit stellen Sie sicher, dass niemand Ihre Frage für »dumm« hält. Diese vorformulierte Frage lernen Sie auswendig (oder Sie lesen sie ab), sobald die Arbeit am Text beginnt. Es ist ein harmloser Bluff, der wie ein Sicherheitsnetz für Ihre Redeängste wirkt.

Fangen Sie mit solchen Sicherheitsnetzen an. Sie können die Angstschwellen Schritt für Schritt höher stellen, den Zeitpunkt des Fragens nach hinten schieben, die Fragen frei formulieren, eine eigene These vertreten und schließlich frei und halbwegs unbefangen auch vor großen Gruppen sprechen.

Das Referat

Referate in Seminaren halte ich für die schlechteste Unterrichtsmethode. Häufig lernt nur die Person etwas, die das Referat hält. Die anderen langweilen sich. Dennoch sind Referate an Hochschulen weitverbreitet. Sie sind ein wesentlicher Teil des Aufstiegsstudiums, denn auf allen Führungsebenen werden von Ihnen souveräne, selbstbewusste und methodisch korrekte Präsentationen erwartet. Gehen Sie darum Referaten nicht aus dem Weg, sondern nutzen Sie die Gelegenheit zum Einüben sachgerechter und sicherer Präsentationen.

Wie können Sie Referate gestalten, damit Sie diejenigen genügend beeindrucken, die über Ihre Noten im Aufstiegsstudium entscheiden?

Den Aufstiegsteil Ihres Vortrags sollten Sie dem eigentlichen inhaltlichen Referat vorausschalten. Er entspricht der Einleitung bei der schriftlichen Arbeit. Sie nennen es im mündlichen Vortrag auf Ihrer Einleitungsfolie nach der Titelfolie »Vorspann zur Materiallage und zum Vorgehen«. Adressat dieses Teils ist die Dozentin oder der Dozent. Hier zeigen Sie, welche umfangreiche Literatur Sie durchgearbeitet haben, welche methodische Raffinesse Sie an den Tag gelegt haben und welche Einwände Sie vorausgesehen, aber bereits umfassend berücksichtigt haben. Hier sichern Sie sich wissenschaftlich und »aufstiegsmäßig« ab. Dann haben sie den Rücken frei, für einen guten und spannenden Vortrag, der Ihnen und dem Publikum Spaß machen kann.

Wenn Sie vor dem Auftritt Angst oder sprachliche Schwierigkeiten haben, sollten Sie den Text ablesen. Das ist für die Zuhörenden zwar mühsam. Aber Sie können zur Unterstützung und Illustration Ihres abgelesenen Textes Folien mit Ihrer Gliederung, kurzen inhaltlichen Stichworten zu den einzelnen Gliederungspunkten, erläuternden Bildern oder Statistiken präsentieren. Damit binden Sie die Aufmerksamkeit, gleichzeitig lenkt das von Ihnen selbst ab. Sie können dann ruhig sitzen bleiben und sich ein wenig verstecken, während das Publikum sich auf Ihre Folien konzentriert. Wichtig ist, dass Sie langsam lesen und jedes Wort klar aussprechen – insbesondere, wenn Deutsch für Sie eine schwer zu sprechende Fremdsprache ist. Erst zum Schluss sollten Sie aufstehen, noch einmal Ihre Gliederung zeigen und dem Publikum für seine Aufmerksamkeit danken. Der Beifall ist Ihnen gewiss.

Wenn Sie frei sprechen können und wollen, ist es besser, wenn Sie zur Präsentation aufstehen und die Hände frei haben. Die größte Gefahr ist, dass Sie sich vor lauter Anstrengung vor Ihrem eigenen Publikum verbergen: Sie reden zu leise und zu schnell, Sie blicken nicht Ihr Publikum an, sondern zur Decke oder zum Fenster hinaus während Sie reden, Sie winden sich von einem Bein aufs andere und verstecken sich hinter Ihren Folien, indem Sie sich der Projektionsleinwand zuwenden und Ihrem Publikum den Rücken zeigen. All das habe ich als Rektor bei Vorträgen, selbst von Professorinnen und Professoren mit langjähriger Erfahrung, immer wieder erlebt. Es ist also keine Schande, wenn es auch Ihnen mal passiert.

Wenn Sie frei reden, kann Ihre Folienpräsentation ausführlicher sein, damit Sie sich an den Folien durch den Vortrag hangeln können. Die Folien sollten jedoch keine vollen Sätze enthalten, und Sie dürfen sie nur im Ausnahmefall vorlesen, wenn Sie ein wörtliches Zitat oder eine Definition präsentieren, die Sie dann in freien Worten analysieren oder kommentieren. Sonst sollten Ihre Folien nur einige wenige, übersichtliche Stichworte enthalten, die auf Ihre Erläuterungen neugierig machen.

Je mehr Informationen eine Folie enthält, desto länger müssen Sie die Folie zeigen. Grafiken oder Bilder bedürfen einer ausführlichen Erklärung, weil Sie sonst Ihr Publikum überfordern und frustrieren.

Bedenken Sie auch, dass die Folien mit Ihnen um die Aufmerksamkeit der Zuhörer konkurrieren. Wenn Sie auf den Folien zu viel Stoff haben und diese zu kurz zeigen, ist Ihr Publikum nur noch mit dem Lesen der Folien beschäftigt und kann Ihnen nicht mehr zuhören. Das andere Extrem ist, dass Sie den Text der Folien laut ablesen und meinen, damit einen perfekt verständlichen, hochdidaktischen Vortrag gehalten zu haben. Lesen kann Ihr Publikum nämlich selbst. Es fühlt sich unterfordert und enttäuscht.

Suchen Sie nach einem emotionalen Einstieg, einer Lokomotive, die Ihre Argumente zieht. Das kann eine Beispielsgeschichte sein, ein eindrucksvolles Bild, eine Frage an Ihr Publikum. Das Ziel ist, Aufmerksamkeit zu erregen und Neugier für Ihren Vortrag zu wecken. Nach diesem emotionalen Aufhänger sollten Sie deutlich machen, worüber Sie reden und welche Frage Sie mit Ihrem Referat beantworten werden. Sprechen Sie zu Ihrem Publikum. Schauen Sie die Leute an und beobachten Sie, wie Ihre Worte ankommen. Wenn Ihnen das Publikum zu feindlich oder kritisch erscheint und Ihnen Angst macht, suchen Sie sich die Person, die am freundlichsten schaut, und reden Sie überwiegend direkt zu ihr und schenken Sie dem anderen Publikum nur noch gelegentliche Aufmerksamkeit. Das gibt Ihnen Sicherheit und trägt Sie durch das Referat.

Studieren Sie keine Gestik ein. Bewegen Sie sich spontan, wie es Ihnen die Situation eingibt. Bedenken Sie jedoch, dass eine Rede wie Theater ist und größere und deutlichere Gesten verlangt als wenn Sie mit jemandem von Angesicht zu Angesicht sprechen.

Vor allem: Atmen Sie immer wieder voll aus, machen Sie kleine Sprechpausen. In der Aufregung vergisst man meist, richtig auszuatmen und wird dadurch kurzatmig.

Achten Sie auf die Zeit. Bei wichtigen Referaten üben Sie vorher und prüfen dabei insbesondere, ob Sie das Referat ohne Schwierigkeiten in der zur Verfügung stehenden Zeit zu Ende bringen. Fast alle packen in ihre Präsentation zu viel Stoff und werden am Schluss hektisch oder überziehen. Reduzieren Sie den Stoff und konzentrieren Sie sich auf Ihre Hauptaussage.

Geben Sie mit Beginn des letzten Drittels Ihres Referats an, dass Sie jetzt zum Schluss kommen. Das treibt die Aufmerksamkeit noch einmal in die Höhe. Vergeben Sie diese Chance nicht.

Am Ende Ihres Vortrages sollten Sie Ihren emotionalen Einstieg vom Anfang noch einmal ansprechen und zeigen, wie er sich nun im Lichte des von Ihnen Gesagten darstellt und wie Sie die von Ihnen am Anfang gestellten Fragen beantworten. Dann können auch Sie sich für die Aufmerksamkeit bedanken und sich Ihren Beifall abholen.

Prüfungen

Prüfungen können ihren Schatten über das gesamte Studium werfen und das Inhaltsstudium bis zur Unkenntlichkeit verzerren. Prüfungen funktionieren nämlich wie das institutionalisierte »kluge Gesicht« als beliebig ausdehnbare Projektionsleinwand. Alle schlimmen Vermutungen über eigene Mängel und alle lebensgeschichtlichen Schädigungen und Enttäuschungen können nun als Anforderungen der Institution in der Prüfung erwartet werden. Da die wenigsten Hochschulen ihre Prüfungsanforderungen so transparent machen, dass sich die Studierenden gezielt und rational auf Prüfungen vorbereiten können, wird dies geradezu provoziert. So können massive Überforderungs- und Versagensängste entstehen mit schweren Depressionen und den dazugehörigen Lernblockaden, die das Problem weiter verschärfen.

Prüfungen ohne klar definierte Anforderungen, die eine zielgerichtete rationale Vorbereitung erlauben, bewirken sadistische Anpassungs- und Unterwerfungszeremonien, Machtspiele, die einer wissenschaftlichen Institution mit ihrem Anspruch auf Rationalität Hohn sprechen und ihrer unwürdig sind. Wenn etwa im Glauben an die Normalverteilung der Noten, gleichgültig wie gut man sich vorbereitet hat, erst im Nachhinein festgelegt wird, welche Leistung als gut und welche als schlecht bewertet wird, so ist dies ein weitverbreiteter, wissenschaftlich verbrämter Willkürakt, der Leistung zum Lotteriespiel macht und eigentlich gegen die Würde des Menschen verstößt. Die Geprüften müssen sich der Tatsache fügen, dass sie in eine Rangliste eingepasst werden, die sie nicht an ihrer Fähigkeit zur Lösung eines Problems misst, sondern daran, ob man sie für besser oder schlechter hält als ihre Mitgeprüften. Die Prüfenden sind die Exekutoren dieses wertenden Vergleichs, der vorgibt, sachlich zu sein, dabei aber so subjektiv und persönlich ist, dass er unausweichlich als Übergriff erlebt werden muss. Solche zutiefst irrationalen Konstellationen werden häufig noch zusätzlich dadurch verschärft, dass Prüfende, halb unbewusst, halb sadistisch ihre Macht genießend, Prüflinge persönlich niedermachen und ihre Arroganz mit der schweren Verantwortung begründen, darauf achten zu müssen, »dass das Niveau gewahrt wird«. Zur wirklichen Exekution droht die Prüfung dann zu werden, wenn sie vom Prüfling als Urteil über die ganze Person und nicht bloß über einen winzigen Teilaspekt des Lebens, nämlich über ein Stück Hochschulwissen, erlebt wird. Dann können sich Depressionen und Ängste zur Krankheit auswachsen.

Prüfungen bedrohen das Inhaltsstudium aber noch viel wirkungsvoller durch ihre schiere Anzahl, insbesondere wenn Sie an einem Fachbereich studieren, in dem bei der Umstellung auf gestufte Studiengänge einfach der alte Diplomstudiengang mit seinen acht Semestern auf sechs Semester gestaucht worden ist. Zudem sind nahezu alle alten Veranstaltungen als angebliche Module in das kürzere Studium hineingepackt und mit Prüfungen versehen worden. Dann droht Ihr ganzes Studium zur Prüfung zu verkommen, und Sie müssen sich eine durch nichts zu rechtfertigende Stoffmenge einpauken, die Sie nie behalten können und Ihnen kaum mehr Zeit zum verstehenden und problemlösenden Lernen lässt.

Aber auch ohne solche Irrationalität sind Prüfungen ein zugleich grausames (für die Prüflinge) und schrecklich langweiliges (für die Prüfenden, weil sich inhaltlich ständig wiederholendes) Ritual. Auch wenn die Leistungsanforderungen überschaubar, durchsichtig und einleuchtend sind und dadurch die Grausamkeit der Prüfung auf das unvermeidliche Minimum reduziert wird, bleibt die Rollenverteilung und das Machtverhältnis bestehen. Das Scheitern gerade an solch eindeutigen Maßstäben kann als eine besonders dramatische Niederlage erlebt werden.

Deshalb ist es wichtig, ein zynisch-distanziertes Verhältnis zu den Prüfungen zu entwickeln und sie als ein Schauspiel in der Aufstiegskonkurrenz zu betrachten, in dem alle Beteiligten Rollen spielen, die mit ihnen als realen Personen wenig zu tun haben, eine

Ausnahmesituation, wie wenn jemand im Theater den Hamlet spielt. Im Inhaltsstudium spielt Ihre reale Person mit Ihren Ängsten und Hoffnungen, mit Ihrer Neugier und Lernfreude eine zentrale Rolle. In Prüfungen müssen Sie allein Ihre Stärken zeigen, müssen bluffen, ohne sich selbst zu bluffen.

In verdichteten, scheinmodularisierten Bachelorstudiengängen mit Wissens- und Stoffhuberei statt Orientierung an Lernprozessen und zu erwerbenden Kompetenzen bleibt nur ein kühles, zynisches Prüfungsmanagement. Sie sollten entscheiden, welche Lehrveranstaltungen Ihnen inhaltlich wichtig sind und diese mit dem nötigen Zeitaufwand betreiben und die anderen nach der Methode »Minimax« erledigen: Minimierung des Aufwands für maximales Ergebnis, also kurzzeitig Wissen einpauken für die Klausur, dann den Kopf leer machen und pauken für die nächste Klausur.

Mündliche Prüfungen sind klassische Situationen des Bluffs. Und den sollten Sie wie für eine Theateraufführung proben.

Die Prüfung als Theater zu behandeln, hat den Vorteil, dass Sie nicht so leicht der Versuchung erliegen, die Prüfung als eine Bewährungsprobe Ihrer gesamten Person zu erleben. Die Prüfungssituation passt nämlich manchmal wie ein Schlüssel zu Ihren lebensgeschichtlich angehäuften Befürchtungen und Ängsten über den »Wert« und »Unwert« Ihrer Person. Wenn Sie dazu neigen, sich selbst abzuwerten, passt eine Situation, in der Sie von fremden Autoritäten bewertet werden, genau zu der Neurose und kann zu schweren Depressionen und kaum zu bewältigenden Prüfungsängsten mit Krankheitswert führen. Falls Sie trotz Theaterprobe und bewusstem Bluff Lernblockaden haben und morgens nicht in Gang kommen vor lauter Angst und Bedrücktheit, sollten Sie über die Studienberatung professionelle Hilfe suchen.

Wenn Sie sich auf die mündliche Prüfung wie auf eine Theateraufführung vorbereiten wollen, müssen Sie sich mit der Situation vertraut machen, die Sie wahrscheinlich erwartet. Abschlussprüfungen sind in der Regel fachöffentlich, sodass Sie sich im Semester vor Ihrer Abschlussprüfung möglichst viele solcher Prüfungen anhören sollten und so erfahren können, was Sie erwartet.

Prüfer und Prüferinnen haben nämlich in der Regel individuelle Prüfungsroutinen entwickelt, die Sie kennen sollten, weil mit ihnen ohne Vorbereitung oft schwer umzugehen ist. Einige stellen zum Beispiel enge Fragen, mit denen sie bestimmte Stichworte abfragen und abhaken, die sie als einzig »richtige« Lösung gelten lassen. Erklärende Ausführungen unterbrechen sie und selbst, wenn man alles richtig erklärt, das Stichwort aber nicht genannt hat, bewerten sie die Antwort als falsch.

Das andere Extrem zu diesem schulischen Prüfungsstil sind völlig offene Fragen, bei denen man überhaupt nicht weiß, worauf die Frage zielt und was gefordert sein könnte. Schlimm sind auch die Romanfragen. Das sind statt Prüfungsfragen lange Geschichten, die in einem fragenden Gesicht enden. Man muss sich dann selbst ausdenken, was gefordert sein könnte. Am schlimmsten sind jedoch die Fragehaufen. Das sind ganze Ansammlungen von sich gegenseitig widersprechenden Fragen, häufig als Entscheidungsfragen gestellt: »Ist das so oder so oder ganz anders, wenn Sie bedenken, dass so aber vielleicht auch so …?« Die Prüferinnen und Prüfer selbst merken von ihrer Verwirrtechnik nichts, meinen vielmehr, eine klare Frage gestellt zu haben.

All dies sollten Sie erkunden und versuchen herauszufinden, welche Prüfungsstrategie bei welchem Prüfungstyp am besten funktioniert.

In der Theaterrolle sollten Sie üben, die »gute Studentin« oder den »guten Studenten« zu spielen. Das ist eine Person, die souverän die Literatur überblickt, die flüssig, ohne große Unsicherheit über jedes gestellte Thema reden und auch zu unbekannten Gebieten kluge Ausführungen machen kann. Achten Sie beim Rollenspiel streng darauf, dass Sie keinen Begriff verwenden, auf keinen Autor verweisen und keine Methode anführen, die Sie nicht kennen und kompetent erklären können. Auf Nachfragen dieser Art müssen Sie immer gefasst sein, und wenn Sie dabei bluffen, kann es peinlich werden. Wenn Sie auf dem falschen Fuß erwischt werden und zu einem Gebiet gar nichts sagen können, ist es daher besser, schnell und klar zu sagen, dass Sie passen müssen, als sich ins Verderben zu bluffen.

Das Risiko, dass Sie dabei entlarvt werden und sich letztlich selbst gebluft haben, ist zu groß. Sie dürfen und müssen gutes Wissen etwas sicherer darstellen und sollten Unsicherheiten überspielen. Vermutungen sollten Sie nicht als solche kennzeichnen, sondern frisch drauflosreden, als ob Sie es sicher wüssten. Das ist der Standardbluff bei mündlichen Prüfungen. Den müssen Sie konsequent lernen und üben. Ohne ihn haben Sie im Aufstiegsstudium einen strukturellen und – inhaltlich gesehen – unfairen Nachteil.

Was bringt das Aufstiegsstudium?

Die Ergebnisse eines gelungenen Aufstiegsstudiums sind bestenfalls besonders gute Noten und eine souveräne Erfolgsfassade in allen Lebenslagen. Vielleicht wird Ihnen darüber hinaus eine Beschäftigung an der Hochschule angeboten, sodass Sie in eine Hochschulkarriere einsteigen und zu einer an Hochschulen häufigen Biografie gelangen: Sie bleiben ein Leben lang im Bildungssystem.

All denen, die mit dem Abschluss des Studiums außerhalb der Hochschule den Karriereweg einschlagen wollen, stellt sich die Frage, ob ein besonders gut gelungenes Aufstiegsstudium auch zu einem Aufstieg im Berufsleben führt. Es ist aber nicht die Frage, ob sich das Studium unter Aufstiegsgesichtspunkten überhaupt lohnt. Die ist bereits positiv geklärt. Studieren lohnt sich. Die Frage ist: Was bringt es, sich im Aufstiegsstudium um besonders gute Noten zu bemühen und sich dafür auf den Uni-Bluff einzulassen?

Bei Staatexamina in der Juristerei oder bei der Lehrerausbildung entscheiden die Abschlussnoten unmittelbar darüber, ob man übernommen wird und welche Stelle man bekommt. Der Aufstieg an der Hochschule führt in diesen Fächern direkt zu einer gehobenen Position im Beruf. Hier erfüllt die Hochschule ihre Aufstiegsfunktion.

Das ist allerdings die Ausnahme. Die an Hochschulen vergebenen Noten haben überall sonst einen geringen Vorhersagewert für den späteren Berufserfolg.[37] Das wird am deutlichsten bei den Frauen.

Gute Abiturnoten haben einen guten Vorhersagewert für den Studienerfolg. Das zeigt sich unter anderem daran, dass Frauen, die im Durchschnitt mit besseren Abiturnoten abschließen, auch die besseren Abschlussnoten im Studium erzielen. Wenn das Aufstiegsstudium eine gute Vorbereitung für den beruflichen Aufstieg wäre, müssten sie dementsprechend auch die besseren Berufschancen haben. Das ist aber nicht der Fall. Ihre Chancen im Berufsleben sind deutlich schlechter als die der Männer sowohl in Bezug auf das Einkommen wie auch auf die Statusposition. An Hochschulen selbst verringert sich ihr Anteil rasant von Stufe zu Stufe in Richtung der höchstdotierten und bestausgestatteten Professorenstelle – auch in Studienrichtungen mit großer Frauenmehrheit unter den Studierenden. Woran kann das liegen? Warum sind die Noten hier ein so schlechter Prädiktor?

Am Kinderwunsch und mangelnder Kinderbetreuung kann es nicht liegen, denn Wissenschaftlerinnen stellen den Kinderwunsch, so sie ihn haben, häufiger zurück als Frauen in anderen akademischen Berufen. So waren 2004 in Nordrhein-Westfalen 78 % der Nachwuchswissenschaftlerinnen, aber nur 45 % der gleichaltrigen akademisch gebildeten Frauen in anderen Berufen kinderlos.[38] Vor allem kann der Kinderwunsch nicht den sinkenden Frauenanteil mit steigender Hierarchieposition erklären. Denn unter Professo-

· ·

37 Ausführlich dokumentiert in Tobias Plate: Evaluation der Eignungsdiagnostik bei der Personalauswahl von Unternehmensberatern. Validität und Nutzen am Beispiel eines Beratungsunternehmens. Universitäts-Dissertation Mannheim 2006. S.115 ff. Im Internet unter: http://deposit.ddb.de/cgi-bin/dokserv?idn=97975299x

38 Vgl. Nicole Auferkorte-Michaelis, Sigrid Metz-Göckel, Jutta Wergen, Annette Klein unter Mitarbeit von Christina Möller und Elisabeth Kociemba: Junge Elternschaft und Wissenschaftskarriere. Wie kinderfreundlich sind Wissenschaft und Universitäten? Dortmund 2006. Im Internet unter: http://zeus.zeit.de/online/2006/15/studie_dortmund.pdf

rinnen haben etwa die Hälfte Kinder, also mehr als beim weiblichen wissenschaftlichen Nachwuchs.[39]

Auch die von mir in früheren Auflagen dieses Buches angeführte Erklärung, Frauen hätten es schwerer, weil ihre Leistungen von Männern, aber auch von Frauen, schlechter bewertet würden und sie daher für die gleiche Note mehr leisten müssten als Männer, lässt sich nicht halten. In einer eigenen Untersuchung haben wir herausgefunden, dass es an Hochschulen keine statistisch nachweisbaren systematischen Geschlechtsunterschiede in der Benotung gleicher Leistung gibt.[40] Die besseren Noten der Frauen sind demnach in der Regel Ausdruck besserer Leistung. Dennoch haben sie keinen guten Vorhersagewert für entsprechend bessere Berufschancen. Wie ist das zu erklären?

Es liegt an der Weltfremdheit des Aufstiegsstudiums an deutschen Hochschulen. Das System der Notengebung, der Kern des Aufstiegsstudiums, ist uneinheitlich, unvorhersehbar und unsinnig, weil die Professorenschaft die Bewertung von Leistungen zu einem zentralen Teil ihrer Freiheit der Lehre und Forschung erklärt hat. Deshalb gibt es in der Regel keine Absprachen zwischen Kollegen und Kolleginnen über Prüfungsfragestellungen, Prüfungsmodalitäten und Prüfungsbewertungen oder die insgesamt zu erzielenden Punktzahlen und die Grenzen für »bestanden«/»nicht bestanden«.

Die Gerichte haben die Gültigkeit der Freiheit von Lehre und Forschung für die Prüfungsbewertung anerkannt. Sie haben Eingriffe von außen und richterliche Überprüfung lediglich bei formalen Fehlern oder bei krasser individueller Willkür für zulässig erklärt. Überprüft und in Frage gestellt werden kann die Notengebung im Einzelfall, nicht die Rationalität des ganzen Systems.

. . . .

39 Vgl. Holger Krimmer, Freia Stallmann, Annette Zimmer. Karriereweg von ProfessorInnen an Hochschulen in Deutschland. Broschüre 2006 der Westfälischen Wilhelms-Universität Münster. Gefördert vom BMBF. Erscheint demnächst als Buch.

40 Noch unveröffentlichte Untersuchung von Wolf Wagner, Hendrik Berth und Elmar Brähler: Studierenden der Psychologie im Hauptstudium wurde ein identischer Text, in der einen Gruppe mit einem weiblichen Autornamen, in der anderen Gruppe mit einem männlichen, zur Bewertung vorgelegt. Es ergaben sich keine signifikanten Unterschiede.

Nach meinen Erfahrungen kann man beinahe immer davon ausgehen, dass die Lehrenden in Einzelfällen nach bestem Wissen und Gewissen prüfen und benoten und sich darum bemühen, Diskriminierung oder Willkür zu vermeiden. Der Wahnsinn liegt im System.

Prüfen und Bewerten will gelernt sein. Und die Lehrenden sind darin genauso schlecht ausgebildet wie in der Lehre – meist gar nicht. Stattdessen herrscht der »gesunde Menschenverstand«, aus dem jeder und jede ein eigenes, privates System entwickelt.

Es gibt an deutschen Hochschulen keine verbindlichen Maßstäbe, welche Grundphilosophie für die Notengebung gilt. Manche hängen der Anschauung an, Noten müssten normal verteilt sein, d. h. bei fünf Notenstufen müsse es etwa gleich viele Einsen wie Fünfen geben und der Durchschnitt habe bei 2,5 zu liegen.

Andere glauben an den Lernerfolg und möchten ihn durch ihre Notengebung messen und ausdrücken. Sie legen zuerst fest, was jemand in einem Kurs oder Studium gelernt haben soll. Alle, die das Ziel erreichen, erhalten eine Eins. Für sie ist es ein Zeichen guter Lehre, wenn in einem Fach beinahe alle mit Bestnoten abschließen.

Weitverbreitet sind die Anhänger der Niveauphilosophie. Sie meinen, schlechte Durchschnittsnoten seien ein Ausweis für das »hohe Niveau« des Faches. Die Note »befriedigend« ist für sie schon eine Auszeichnung, da sie die Erfüllung aller gerechtfertigten Erwartungen zeige. Bessere Noten könne man nur für sensationelle Einzelleistungen geben.

Entsprechend unvorhersehbar ist die Notengebung insgesamt. Die Noten streuen extrem zwischen den Hochschulen, den Fächern, den Professorinnen und Professoren selbst innerhalb des gleichen Faches in der gleichen Hochschule. So darf es nicht wundern, dass die Hochschulnoten nur einen geringen Vorhersagewert für den Berufserfolg haben.

Benotet wird in Schule und Hochschule letztlich die Anpassungsleistung an die Erwartungen derjenigen, die die Noten vergeben. Das erklärt, warum Abiturnoten einen so guten Vorhersagewert für den Studienerfolg haben.

Im Beruf herrschen dagegen andere, objektivere Kriterien. Dort nützt Anpassung nur begrenzt. Es gibt Messzahlen für den Erfolg, z. B. Umsatz, Gewinn, Auftragslage, Kosten. Auf die Dauer setzen sich meist diejenigen durch, die diese Messzahlen erfüllen, auch wenn sie es manchmal schwer haben gegen die Vorlieben von Vorgesetzten.

Entscheidend ist demnach der Erfolg beim Lösen komplexer Probleme, seien sie technischer, ökonomischer oder sozialer Art, wie bei Konflikten im Kollegenkreis. Es ist vermutlich die stärkere Orientierung auf Sachprobleme, der höhere Durchsetzungswille und die stärkere Machtmotivation der Männer, die ihnen auch bei schlechteren Noten deutlich bessere Chancen im Beruf verschaffen als den Frauen.[41] Das System der Notengebung an Hochschule spiegelt davon nichts wieder.

Aufgrund der Selbstbezogenheit des Benotungssystems – und damit des Aufstiegsstudiums insgesamt – hat sich das Beschäftigungssystem – und damit der wichtigste Raum für einen realen sozialen Aufstieg – von der Hochschule abgekoppelt. Die Personalabteilungen der Unternehmen reagierten auf den schlechten Prognosewert der Hochschulnoten mit zunehmender Irritation. In den 1950er und 1960er Jahren, als nur eine kleine Elite von 6 % eines Jahrgangs an die Hochschulen kam, funktionierte der Aufstieg über Verbindungen und Beziehungen. Mit der Ausweitung der Hochschulen in den 1970er Jahren anonymisierte sich der Übergang in den Beruf, und das Beschäftigungssystem war immer mehr auf andere zuverlässige Daten angewiesen, die eine gute Prognose über den wahrscheinlichen Berufserfolg der akademischen Bewerberinnen und Bewerber erlaubt hätten. Das Hochschulsystem aber war weder bereit noch fähig, diesen Anforderungen gerecht zu werden. Daraufhin entwickelten die Unternehmen eigene Systeme der Bewerberauswahl: Auswahlgespräche, Einstellungstests, Assessment-Centers und immer mehr und immer längere unbezahlte oder unterbezahlte Praktika als neue Form der Probezeit.

. . . .

41 Vgl. Ebenda. S.105 ff.

Diese eigenen Bewertungssysteme bedeuteten eine massive Misstrauenserklärung des Beschäftigungssystems an die Funktionsfähigkeit der deutschen Hochschulen bei der Organisation des Aufstiegs. Sie läuft auf die Feststellung hinaus: Das Hochschulsystem hat in seiner Aufstiegsfunktion spektakulär und zum Nachteil der Studierenden versagt.

Im Februar 2004 hat die Hochschulrektorenkonferenz (HRK) deshalb beschlossen, die deutschen Absolutnoten von Eins bis Fünf im Abschlusszeugnis in normalverteilte Relativnoten nach dem ECTS[42] zu verwandeln und im Zeugnis zu ergänzen: Jede Hochschule muss für jedes Fach die Notenverteilung der letzten drei Jahre nach Prozenten berechnen. Diejenigen, die mit ihrer Absolutnote, gleichgültig wie sie ausfällt, unter die besten 10 % fallen, erhalten die ECTS-Bestnote A. Die nächsten 25 % die Note B, gefolgt von den nächsten 30 % mit C, dann wieder die nächsten 25 % mit D, und die schlechtesten 10 % mit E. Damit kann das Beschäftigungssystem wenigstens erkennen, was die jeweils erzielte Note in einem Fach bedeutet.

Das ändert jedoch nichts an dem schlechten Prognosewert der Noten überhaupt – sowohl der Schulen als auch der Hochschulen – für den Berufserfolg. Denn der ist, wie bereits ausgeführt, darauf zurückzuführen, dass die Noten und die Aufstiegsfunktion der Hochschule zwar Wissenserwerb und Leistung, aber vor allem die Anpassung an die häufig weniger rationalen Anforderungen der Prüfenden honorieren, während die Anforderungen der Arbeitswelt inhaltliche Problemlösungsfähigkeiten und soziales Durchsetzungsvermögen verlangen.

Diese Fähigkeiten erlernt man vor allem im Inhaltsstudium, bei der problemlösenden Funktion der Wissenschaft, weniger im Aufstiegsstudium, sodass für einen soliden Aufstieg im Beruf das Inhaltsstudium dem Aufstiegsstudium eindeutig vorzuziehen ist.

· ·

42 European Credit Transfer System – Entschließung des 98. Senats vom 10. Februar 2004 »ECTS als System zur Anrechnung, Übertragung und Akkumulierung von Studienleistungen«. Unter: http://www.hrk.de/de/beschluesse

Die Fixierung auf Noten, die an Schulen und Hochschulen so verbreitet ist, stellt sich damit für die meisten Fächer als Irrweg heraus.

Damit zeigt sich, dass Sie auch für die Aufstiegsfunktion am meisten profitieren, wenn Sie das Aufstiegsstudium zum Trainieren eines selbstsicheren Auftretens nutzen, sich ansonsten aber möglichst intensiv auf das Inhaltsstudium und die problemlösende Funktion der Wissenschaft einlassen. Dabei sollten Sie aber immer bedenken, dass Wissenschaft nur einen kleinen Ausschnitt des Lebens behandelt und ausmacht. Wissenschaft und Studium sind Mittel zum Zweck, kein Selbstzweck. Seriöse Wissenschaft ist sich dessen durchaus bewusst: Die persönlich alles entscheidenden Fragen nach Liebe, nach dem Sinn des Lebens, nach Glück und persönlicher Zufriedenheit, Erfüllung und Glaube sind wissenschaftlich nicht zu klären. Intensive Beschäftigung mit Wissenschaft im Inhaltsstudium verträgt sich also durchaus mit dem privaten Glauben an Astrologie, Zen-Buddhismus oder was auch immer. Wissenschaft und Studium sind wichtig, aber nur ein Teil, ein kleiner Teil Ihres Lebens.

Weiterführende Literatur

Im Internet unter »Google Buchsuche« oder in den Suchmaschinen Ihrer Hochschulbibliothek finden Sie weiterführende Literatur, insbesondere Einführungen in das Studium Ihres jeweiligen Faches. Dort werden Ihnen Details geschildert und Tipps gegeben, auf die eine allgemeine Einführung, wie dieses Buch sie bietet, nicht eingehen kann. Dort finden Sie auch Spezialliteratur zu Aspekten des Studiums, die Ihnen möglicherweise besondere Schwierigkeiten bereiten, etwa zum Schreiben[43] oder zur Prüfungsangst[44].

. . . .

43 Gut: Andrea Frank, Stefanie Haacke, Swantje Lahm: Schlüsselkompetenzen: Schreiben in Studium und Beruf. Stuttgart/Weimar 2007.

44 Praktisch: Werner Metzig, Martin Schuster: Prüfungsangst und Lampenfieber. Bewertungssituationen vorbereiten und meistern. 3., aktualisierte Aufl. Berlin/Heidelberg/New York 2006.

Sogar Spezialliteratur auf Englisch zur hohen Kunst des Bluffens in beinahe jedem denkbaren Gebiet[45] finden Sie auf diese Weise. Die Szene wechselt so schnell, und die Möglichkeiten sind inzwischen so vielfältig, dass es wenig nützlich wäre, hier eine genauere und längere Liste zur weiterführenden Literatur zu bringen. Es ist vernünftiger, Ihnen viel Spaß beim Suchen zu wünschen.

. . . .

45   Etwa von Oval Books in London.

Register

Die zehn goldenen Regeln des Uni-Bluffs

1. Wenn du etwas nicht weißt, schweige und mache ein kluges Gesicht. Schaue später im Internet nach. Zeige niemals, dass du etwas nicht weißt.

2. Stelle nie Fragen, deren Antwort du nicht weißt. Fragen sind nicht dazu da, etwas herauszufinden, sondern um zu zeigen, wie toll du bist.

3. Wenn du die Wahl hast zwischen einem deutschen Wort und einem Fremdwort, nimm das Fremdwort, und zwar ein möglichst exotisches. Es erhöht auf magische Weise die Bedeutsamkeit dessen, was du zu sagen hast.

4. Mache dich unangreifbar mit relativierenden und scheinbar differenzierten Aussagen, die Füllsel wie »manchmal«, »häufig«, »oft«, »gewöhnlich« enthalten, sprich im Konjunktiv und lege dich nie fest, mache deine Darstellung vielmehr so überkomplex, dass du immer ausweichen kannst: »Das habe ich doch gar nicht gesagt.« Oder: »Das müssen Sie missverstanden haben.«

5. Verwende nie das Wort »Ich«, etwa in der Form: »Ich denke, dass …« Wissenschaft lebt nicht vom Denken, sondern vom Zitieren. Rede also davon, dass »die wissenschaftliche Literatur sich überwiegend einig ist, dass …« oder dass »neueste wissenschaftliche Studien zeigen, dass …«. Auf etwaige Nachfragen erkläre arrogant, dass sich der Nachfragende gefälligst selbst kundig machen soll.

6. Wenn du zu einem Thema selbst nichts zu sagen hast, rede möglichst lang und umständlich darüber, was berühmte Leute aus deinem Fach dazu gesagt haben.

7. Wenn du etwas nicht richtig verstanden hast, stelle den Sachverhalt selbst besonders unverständlich dar und verdecke die Schwachstelle mit Verweisen und Zitaten berühmter Namen des Faches, auch wenn sie nicht so richtig dazu passen. Niemand wird es auch nur wagen, irgendeine Nachfrage zu stellen.

8. Greife wenig bekannte Autorinnen und Autoren heftig und arrogant an, zerfetze sie in der Luft, moralisch, intellektuell und persönlich. Niemand wird sie verteidigen, und du zeigst deine Überlegenheit und schreckst potentielle Kritiker ab.

9. Verwende jede auch noch so unwichtige und bedeutungslose Quelle, insbesondere, wenn du davon ausgehen kannst, dass niemand sie kennt, und lege ein möglichst umfassendes Literaturverzeichnis an, in dem außer den Schriften der Größen des Faches und deiner etwaigen eigenen Werke alles aufgeführt wird, was zu dem Thema je geschrieben worden ist, ganz gleich, ob du es gelesen hast oder nicht.

10. Lerne frühzeitig das richtige akademische Auftreten, indem du die Erfolgreichen deines Faches imitierst. Selbst wenn du sie karikierst, wird es keiner merken. Deine Dozenten werden dich für einen gelehrigen Schüler halten und entsprechend fördern. Denn so bleibt alles, wie es ist.